# 日中戦争
# 開戦の経緯

山口 裕一

東京図書出版

# はじめに

第二次世界大戦後、日本とアメリカとの関係は非常に密接なものとなった。日本の平和憲法や戦後の経済発展は主としてアメリカとの関係のもとで培われた。一方で、日本各地に存在する米軍基地に端を発する問題は、戦後七十年以上を経た今も連綿と続いている。今やアメリカは、日本にとって切っても切れないほどの重要なパートナーであるが、このような戦後の日米関係は、「日本の敗戦」に端を発している。

なぜ、日本はアメリカと戦うことになったのか。その元をたどっていくと「日中戦争」にたどり着く。当時、日本軍は、南方の資源を得るため、また、イギリスなどの「援蔣ルート」を断つためという理由で、南進すなわち東南アジアに向かうことになる。そして、それがアメリカやイギリスなどとの対立を避けられないものにしていった。一九四一年十一月まで開戦を避けるための日米交渉が行われた。この中で何らかの形で中国との戦争についての妥協が成立したり、最後には、中国から日本が撤兵したりすれば、開戦を避けられる道が存在した。しかし、それは実現には至らなかった。

日本の敗戦が日中戦争の行きづまりにあることは、日本軍の兵士配置の分布をみることでも窺える。中国戦線には、満州事変以降、常に六十万人の兵士がいた。そして、終戦の二年前、一九四三年までは、南方よりも多くの兵力が中国及び満州に存在した。表1『地域別師団配備数・兵力概数（一九三七〜一九四五年）』（73頁）を参照すると、戦争末期の一九四四年頃にはさすがに南方が上回るが、終戦当時の一九四五年においても陸軍総兵力の三十一パーセント、海外兵力の六十七パーセントの百七十万人もの兵士が中国及び満州にくぎ付けとなっていたのである。(1) 日本は同時に複数の相手と戦うという泥沼にはまり込んでいる。なぜ、このような非理性的な判断となったのか。

太平洋戦争への前段としての日中戦争。そして、愚かな二正面作戦。多くの悲劇を生じさせる入口となったこの日中戦争開戦の経緯こそ詳細に検証されるべきである。とりわけ、尖閣問題や台湾問題で日中関係が揺れ、世間が既視感におそわれている今、行うべきである。何が戦争を推進したのか。止めることはできなかったのか。日本の中枢で何があったのか。

日中戦争において、一般に戦争開始の張本人といわれるのは「陸軍」である。しかし、その中にも戦線が拡大することに激しく抵抗した人々が存在した。このことは関係者の証言をひもといていけば明白である。しかし、陸軍内の戦争回避の動きは結実しなかった。なぜ、結実しなかったのか。それらを妨げたものは一体何であったのかを本書で考察していく。

これら陸軍内部の戦争回避の動きは、今まであまり表に出てきていない。よって、本書では、当時のやり取りが事実であることを証明するため、当時の日本政府、陸軍、海軍、中国側関係者の発言をそのまま切り取って検討していきたい。すなわち、当時の関係者などの記した書籍、日記などを多く引用し分析を行っていく。

# 日中戦争開戦の経緯◇目次

# 第一章　北支事変と戦争拡大派・不拡大派の抗争

『石原莞爾の悲劇』は、日中戦争当時、参謀本部作戦課の課員として、石原莞爾の下で勤務していた経歴をもつ今岡豊が著したものである。この本の中には当時の参謀本部内での体験が詳細に記されている。[(1)] 今岡自身、日中戦争当初は参謀本部内において対立が存在していたことを述べているが、その対立とは、戦争の拡大と不拡大の対立である。

石原莞爾は、当時陸軍参謀本部第一部長という主に戦争指導や作戦を統括する重要な役職にあり、日中戦争の先行きを占う上の重要なキーパーソンであった。そして、何よりも戦争不拡大派の要であった。

## 第一節　盧溝橋事件による陸軍の分裂

一九三七（昭和十二）年七月七日、北京郊外の盧溝橋で日中間に軍事衝突が発生する。いわゆる「盧溝橋事件」である。衝突といっても夜間演習中の日本軍に向けて十数発の銃弾が撃ち込まれたという程度のものである。ところが、日本の陸軍内部においては、事件が発生するや否や、後処理をめぐって不拡大派、拡大派の双方に分裂し、激しく衝突しあうという現象が起こる。以下にその経緯を記していく。

事件発生直後、石原は素早く反応し、翌八日朝にも部長会議を開催し、事件の不拡大と現地解決を根本方針とすることで参謀本部首脳部の意見をとりまとめている。[2] 石原はこの不拡大方針決定の経緯を次のように述べている。[3]

日支間と云ふものは争ふべきものではなく、又若し争つたならば直ぐには済まんとの考へがあつた為に、兎も角此の難関を突破せねばならぬと云ふ必要から石原個人としては不拡大を以て進みましたが、其決心に重大なる関係を持つものは対「ソ」戦の見透しでありました。即ち長期戦争となり「ソ」聯がやつて来る時は目下の日本では之に対する準備がないのであります。然るに責任者の中には満洲事変があつさり推移したのと同様支那事変も片附け得ると云ふ通念を持つものもありました。私共は之は支那の国民性を弁へて居らん議論で、殊に綏遠事件により彼を増長せしめた上は全面的戦争になると謂ふ事を確信して居つたのであります。（中略）即ち此際戦争になれば私は之は行く所まで行くと考へたので極力戦争を避けたいと思い又向ふも避けたい考へであつた様でありますのに遂に今日の様になつたのは真に残念であり又非常なる責任を感ずる次第であります。

次に陸軍内の反応である。当時の参謀本部、河辺虎四郎第二（戦争指導）課長の回想によれば、盧溝橋事件について、武藤章作戦課長は「面白いこと」ととらえたのに対し、柴山兼四郎軍務課長は「厄介なこと」ととらえている。武藤課長はこの後戦争拡大派の核となる人物になっていくのに対し、柴山課長は戦争不拡大において重要な役割を果たしていく。(4)(5)

拡大派の考え方は、「事態は楽観を許さない。これに対処するには、力をもってするより他に方法はない。これには北支におけるわが兵力を増強し、状況に応じては機を失せず一撃を加える。そうすることによってのみ事態は収拾できる」、すなわち、「中国を一撃すればすぐに戦意を喪失して降参するだろう」というものである。俗に「一撃論」と呼ばれている。彼らは、この軍事衝突はあくまでも北支限定で終了するとの見通しでシナリオを書いている。

参謀本部では、河辺課長の戦争指導課が不拡大路線であるのに対して、武藤課長の作戦課には一撃論者が多く、第一部として完全に意見が二分してしまっていた。(6)不拡大派と拡大派の根本的な違いは、中国との戦争期間の認識である。前者が長期戦となるとしているのに対し、後者は短期で片付くとしている。石原ら不拡大派は長期戦になり、そこにソ連が参戦した場合のリスクを深く懸念している。日本軍の能力の限界を熟知しているからこその判断である。

## 第二節　停戦協定調印と北支派兵決定

その拡大派と不拡大派が七月七日の盧溝橋事件から約一カ月近くかけて争ったもの、それは「内地からの動員派兵」である。内地、すなわち日本本土からの派兵は、相手方に全面戦争にのりだすという印象を与えかねず、非常な重大性を帯びていた。

この内地からの派兵は、わずか二週間足らずで三度の決定と二度の取り止めが繰り返されるのであるが、相当に当時の日本軍内部が混乱していたということを示している。しかも、現地側では比較的穏便に事が進んでいたのに対し、東京、すなわち中央側では喧々囂々、相当な大騒ぎとなっている。以下にその経過を記していく。

【一度目の内地からの派兵決定と取り止め】

七月七日の盧溝橋事件以降、日本側は、情勢がはっきりつかめないため政府としての対応策が決定されていなかったが、陸軍の要請で七月九日午前八時半より臨時閣議が催され、その時杉山陸相が、「この際、内地より三個師団その他を出兵することに閣議の承認を得たい」と述べた。しかし、米内海相により「内地より出兵するとなれば、事は重大であり、全面戦争になることも覚悟しなければならない」と反対の意見が出た。この時は近衛首相、広田外相もこの米内の意見に概ね同意した(7)。

ところが、七月十一日午前十一時半から午後一時半頃まで五相会議（首相、外相、陸相、海相、蔵相）が首相官邸で開催され、北支派兵問題に関し審議を行い、次いで午後二時より緊急閣議が開かれ、事件処理の根本方針とこれに基づく北支派兵及びその予算処理が決定された。派兵兵力としては、関東軍及び朝鮮軍が準備している兵力を急遽北支に派遣するとともに、内地からも五個師団、差し当たり三個師団を動員派兵しようというものであった。

陸軍側の提案はおおむね了承されることとなったが、「動員後派兵の必要がなきに至らば、派兵は取り止める」ことと、「内地部隊五個師団、差し当たり三個師団との陸相の説明は、準備的心組みと了解する」ということが留保条件として付されることとなった(8)。

中央がこのような状況であった一方で、現地では、なんとか停戦協定を結ぶところまでこぎつけていた。支那駐屯軍（天津軍）参謀長橋本群少将らが、中央の不拡大方針の訓令を受けて現地解決案を作成し、支那側現地機関と交渉の上、七月十一日夜、停戦協定に調印したのである。その要旨は、「冀察第二十九軍代表は日本側に対し、遺憾の意を表し、且つ責任者を処分して、将来責任を以て斯くの如き事件の惹起を、防止することを声明す」とあり、冀察政務委員会委員長の宋哲元も協定に同意したことから、情勢は落ち着くかに見えた。当時参謀本部戦争指導課員だった堀場一雄の手記にも「十日以来支那駐屯軍参謀長橋本少将は、北平に於て解決条件折衝中なりしが、十一日午後に至り、支那側は之を受諾せる旨の報告あり」とある(9)。

中央に対する現地からの交渉成立の報告は十一日午後、北支派兵の決定は十一日午前の五相会議とその後の閣議である。停戦協定調印と北支派兵決定がほぼ同時だった。日本の対応が非常にちぐはぐであったことがよく分かる。しかし、十一日夕刻次のように政府声明がなされてしまう。

今次事件は全く支那側の計画的武力抗日なることは、もはや疑いの余地なし。（中略）よって、政府は本日の閣議において重大決意をなし、北支出兵に関し政府として執るべき所要の措置をなすことに決せり。（中略）然れども東亜平和の維持は帝国の常に観念するところなるをもって、政府は今後とも局面不拡大のため平和的折衝の望みをすてず、支那側の速やかなる反省によって事態の円満なる解決を希望す。

そして、今次事件はその性質に鑑み、「北支事変」と称すと発表した。当時、外務省の東亜局長であった石射猪太郎の手記の表現を借りると、「政府自ら気勢をあげて、事件拡大の方向へ滑りださんとする気配」ということになる。[10]七月十一日の派兵声明が内外に及ぼした政治的効果は大きいものがあり、小紛争で終わらないという印象を与えた。

しかし、停戦協定は無駄にはならなかった。内地師団の動員はしばらく様子見とされたからである。現地停戦協定成立の話を受けた参謀本部は、先の七月十一日の閣議での留保条件にしたがって、内地師団の派兵は少なくとも見合わせる決定をしたのである。[11]

結論から言えば、内地からの派兵問題はひとまず鎮火という運びになった。ところが、戦争を拡大せんとする者達の中では、「中国のこれまでのやり方から判断しても、果たしてわが国の要求を実行するか否か疑わしい。その間中国側の準備が進めば、戦機を失する虞があるので即時動員すべきである」と火種が依然としてくすぶり続けていたのである。

## 【二度目の内地からの派兵決定と取り止め】

盧溝橋事件勃発当時、支那駐屯軍司令官田代皖一郎中将は病臥中で、その間、参謀長橋本群少将が代理を務めていた。そして、七月十二日、香月清司中将が新しく支那駐屯軍司令官に任命され、天津の軍司令部に入る。

しかし、香月新支那駐屯軍司令官は、軍中央の不拡大方針を了承して東京を出発したが、途中京城飛行場で小磯國昭朝鮮軍司令官と会見した際の談話に不拡大を裏切る発言があった。これを知った石原第一部長は、このまま放任しては大変なことになると考え、改めて軍中央部の方針としての「事変不拡大」の方針を伝達するため、中島総務部長と柴山軍務課長を現地軍に派遣した。(12) 柴山軍務課長は、香月中将に中央の方針を伝達した時(橋本参謀長同席)の模様を次のように述べている。

香月軍司令官は「不拡大方針を堅持せよというなら何故軍隊を増派するか。不拡大方針遂行には軍は要らぬ。しかるに現に二十連隊が朝鮮から続々輸送され、近く余の部下に入らんとしておるが、中央の処置は方針と相反するが」と問うた。(13) これに対し柴山軍務課長は「軍司令官の意見に全然同意であったので、ただちに私の意見具申として速刻二十連隊を山海関以東に停止せしめられたき旨を起案、本意見には香月軍司令官も全然同感なる旨を付託して発信する」ことになった。(14) しかし、後日、柴山が任務を果たして帰任してみると、なぜかこの意見具申が一向に上司の目には留まっていなかった。
この不可解な動きの背後には、拡大派の影が見え隠れする。柴山は「後で偵査の結果武藤章作戦課長のもとで没収され、そのままになっていたことが判明。当時の中央部の軍紀がいかに乱れて居たか現れた」と述べている。[15]
当時の石原の不拡大方針に対する武藤の反応は、参謀本部作戦課員だった今岡によると、「その場では流石に部長の決断に対して従うが、われわれ部下に対する指導は、どうも自己の意思による積極方針だ。現にわれわれの面前で田中軍事課長に電話する。オイ田中、こちらの方は心配ないぞ、現地軍の意見を容れて、バンバンやろうではないか、だんだん面白くなるぞ」というようなものであった。[16]
石原が後に近衛に対し、「自分はだまされてゐた。徹底した筈の不拡大命令がいつも裏切られてばかりゐた。『面従腹背の徒』にしてやられたのだ」と述懐している。[17]
このように相変わらずかみあわない現地と中央であったが、そうこうしているうちに、二度目の内地からの派兵決定に向けて事態が動き始める。日本政府側の期限付交渉の動きと中国側中央政府すなわち南京政府の強硬な態度が連動するのである。
まず、日本側の期限付交渉の動きである。七月十六日午前十一時からの五相会議で、杉山陸相が「現地の交渉がとかくはかどらないのは、現地中国側に誠意を欠くものがあるからである」と十九日を限度とする期限付交渉を提言する。[18]広田外相は、南京政府に対する期限付交渉はかえって逆効果になる恐れがあるとして反対したが、北支現地軍に対する期限付交渉には反対しなかった。そして、七月十七日、中央から支那駐屯軍司令官に対し期限付交渉の訓令を発電した。

それに対して、橋本群支那駐屯軍参謀長は後に、「非常に友好的な気分を以て片端から交渉が進み今度の事件の『きつかけ』となつた馮治安の三十七師を永定河からずつと南へ移動させると云ふ様に向ふが相当譲歩して来て居る最中でしたから、十九日迄と云ふ期限をつけて要求すると云ふ事は甚だ不自然」であったと回想している。[19]

そして、日本側の現地での期限付交渉の動きを察知しているかのように南京政府が連動して動く。南京の在華大使館の日高信六郎参事官は、七月十六日、国民政府外交部から「今回の事件発生の責任は日本側にあり、今回の増遣の日本軍の即時全部引き上げのこと、事件を発生させた日本軍の元駐地への撤退、事件に関する要求権の留保を要求する」という強硬な公信を受領した。[20]

翌十七日、外務省は日高参事官に対して、「挑戦的言動ヲ即時停止シ竝ニ現地当局ノ解決条件実行ヲ妨害スルカ如キコト無カランコトヲ要請ス尚右ニ対シ速ニ的確ナル回答ヲ与ヘラレ度」と南京政府に要求するよう指示した。同夜、日高参事官は、国民政府側の王寵恵外交部長に右公文を手交すると共に十九日までに回答を求めた。

これに対する十九日の南京政府の回答は、日本側申し入れに対する回答とは相容れない趣旨のものであった。特に、現地解決に関しては、「倘有地方性質、可就地解決者、亦必經我国中央政府之許可」と南京政府が認めていないととれる文面もあった[21]。結局、外務省が懸念していたように、現地だけでなく、南京政府とも期限付交渉を行うはめになってしまったのである。

参謀本部はこの七月十九日の南京政府の回答に接して、「支那の不遜の回答に接し……たとえ宋が色良きことをいうも、南京と通謀しあるものとみるべく、事ここにいたりては出兵の外なし」という意見が大勢をしめるようになる[22]。この時、とりわけ武藤第三課長は強硬に出兵論を主張した。また陸軍省の田中軍事課長も度々武藤課長を訪ねて一撃論を語っていた。当時作戦課員だった今岡は直ぐ横にいて、「武藤、田中両者の意気相投合して話し合っている様子をしばしば見た」と述べている[23]。

石原は、陸軍内の大勢が武力発動に傾きつつあるのを見て、七月十九日に杉山陸軍大臣に対し、「対支戦争の結果は、スペイン戦争におけるナポレオン同様、泥沼にはまり破滅の基となる危険が大である。この際思い切って、北支にあるわが部隊全部を一挙山海関まで下げて、近衛首相自ら南京に飛び、蔣介石と膝詰め談判によって、日支問題の解決を図るべきだと思う」と直接意見を述べた[24]。そして、その近衛首相直談判案はまさに実行されようとした。近衛が「一命かけて直ぐにも行こう」と応じたのである。

しかし、いざ実行という段になると、陸軍内が不拡大派と膺懲派に分かれ統制がとれておらず、近衛が単身南京に乗り込んで蔣と談合してもどうなるかわからないと二の足を踏むようになり、そのうち近衛自身も熱を失い、この話自体が立ち消えになってしまった。石原は、「これは今考えても大きな政治的の手でありましてもう少し徹底してやったならばと残念であります」と後に回想している[25]。

そして、近衛の南京行きが取り止めになった七月二十日、閣議が行われ、ついに内地から三個師団を動員することに閣議決定した。要は交渉の期限が切れたという事である。

しかし、内地からの動員は全面戦争の印象を与えかねない。米内海相は事変当初に、「内地師団を動員することは、事態を拡大する公算を増大する惧れがある」と述べている[26]。また、参謀本部第二課員の堀場少佐も、「内地三ヶ師団の動員は中途半端なり。更に徹底動員して実力的に短期解決に進むか、或は出兵を保留し現地戦面を局限して解決促進に忠実なるべきなり。本動員は、後に至り現地戦面拡大の原動力となりたり」と述べている[27]。要は、付け焼刃程度の三個師団の動員では事態を泥沼化させるだけで、一撃即解決ならばもっと大規模にやるか、それが叶わぬならば出兵をやめるべきだということである。

さらに、第二課長の河辺も、「私の個人の考で申しますれば、真に不拡大の精神で行かんとするならば内地の動員はかけない方が良かつたとも思います。内地から部隊を出すぞといふ肚をみせると、此の『チヤンス』に日本が予ての野望である北支の武力的侵略を始めるのだといふ風な気を向ふに起させ、どんどん中央方面から兵を北上せしむることになつたのぢやないかと思ひます」と回想している。[28]このように内地師団を派遣することの意味は非常に大きいのである。

ところが、状況は猫の目のように一転する。翌七月二十一日、現地に派遣していた中島総務部長と柴山軍務課長が帰国し、陸軍中央部に対して「現地は極めて冷静、解決条件は次第に実行せられつつある。増兵の必要なし」、むしろ東京が前線ではないかと思われる程であると情勢報告を行った。[29]

そして、陸軍中央部では、これについて現地の意見を聴取することになり、その旨電報したところ、「不拡大方針を放棄しない限り、目下の情勢ではその必要がない」（極秘支参一電第五六号）という意見が来て、中央部の多くの者に意外の感じを与えて驚かした。これは橋本参謀長の意見が主であったようだ。橋本参謀長も後日、「駐屯軍だけで戦が片付くとは思ひませぬが交渉に依つて紛争の解決は出来ると思ひました。其処に駐屯軍と中央部との考に矛盾があつたのです」と回想している。[30]

現地の報告を聞いた杉山陸相は、「自分は天津軍危うしと思って、内地より救援の必要を認めてきたが、支那駐屯軍自らが安心だというのならば、出兵には及ばない」と述べて動員しないことに同意した[31]。

七月二十二日午前十時より参謀本部では部長会議を開いて、引き続き動員派兵の中止をめぐる論争に決着をつけることになった。そして、「政府が北支問題を徹底的に解決する決意をしない限り、内地部隊の出兵を見合わす」と決定した。柴山・中島両氏の報告および橋本の意見具申が、いったん決まりかけた動員を中止させたのである。

しかし、拡大派も黙ってはいない。武藤の必死の抵抗が試みられる。当時作戦課に勤務して武藤章課長のすぐ近くに机を並べていた今岡の回想に様子が記されている[32]。

ところが七月二十二日朝、丁度筆者が何かの用事で部長室の前の廊下を通っていると、突然部長室から大きな怒鳴り声が響いて来た。夏のこととて室の扉は開いており、目隠しの簾と屏風で中の様子はわからないが、声は筒抜けであった。声の主は、石原部長と武藤課長であることは直ぐわかった。内容はわからないが、あまりに激しいやりとりに、しばし立ち止まって聞いていたら、「君がやめるか僕がやめるか、どっちかだ」というような興奮した言葉まで飛び出していた。そもそもどんな問題で、このような意見の衝突となったものか、始めのやりとりはわからないが、恐らくは内地師団の動員派兵の問題であったろうことは想像される。

柴山軍務課長も、「もっとも重要な職にある作戦課長の武藤（章）大佐が事変の拡大をはからんと企図しておったのには困惑させられた。（中略）当時参謀本部の武藤と気脈を通じ事件の拡大を主張していたのが軍事課長の田中新一大佐であった。（中略）この重要課長二人が中央部に獅子心中の虫として頑張っているのであるから、いかに首脳部で立派な方針をたてても下部組織にそれがそのまま徹底するはずはないのであった」と回想している[33]。

当時の軍部には、中央と現地軍との間、また幕僚上下の間に意思の疎通を欠き、下剋上の観念が横行していた。石原が自らの意図を徹底することが容易の業ではない状況が存在したのである。

**【三度目の内地からの派兵決定】**

七月二十五日夜、「廊坊事件」が発生する。第三十八師長張自忠の了解の下、通信補修及びその援護のために派遣した歩兵一中隊が、廊坊付近でその第三十八師の部隊の攻撃を受け、多数の死傷者を出すに至ったというものである。

さらに引き続き、七月二十六日夜、「広安門事件」が発生する。北京に入城しようとした日本軍の一個大隊が、広安門付近で中国軍と衝突した。石原作戦部長は、直ちに田中軍事課長に電話して、「広安門事件などが起きては、もはや猶予はできない。もう予定の通り内地師団を動員するより外はない。遷延は一切の破滅だ。至急処理してくれ」とこの事件の発生で初めて内地師団の派遣を決意した。(34)

七月二十七日、参謀本部は事態急変を受けて、不拡大方針を転換して、内地三個師団の派遣を決定した。臨参命第六十五号で、第五、第六、第十師団を北支那に派遣して支那駐屯軍司令官の隷下に入らしめる命令が下された。

さらに七月二十九日、通州の保安隊の反乱、いわゆる「通州事件」が起こり、通州の守備隊・領事館警察・居留民約二百五十人もの日本人が虐殺される。

廊坊・広安門・通州の三事件は、直前に内地からの派兵を中止決定し、現地では和平が成立しようとしていたところに発生した。これらの事件は日本側の仕掛けでありようがないが、結果は内地からの動員派兵に至ってしまう。とにかく悪い意味での三度目の正直となった。内地からの動員は相手側から見れば確実に侵略と映るのである。

結局、たった二週間足らずの間で、「内地からの三個師団派兵」の三回の決定と二回の延期があった。冷静な現地と大騒ぎする中央、現地の状況をよそに東京だけが不拡大派と拡大派に分かれ大騒ぎしていたのである。

## 第三節　国民政府側から見た北支事変

これまで北支事変の推移を日本側から見てきたが、これを国民政府側から見ていく。

先述したように、蔣介石は宋哲元の現地協定を認めないという立場をとっていた。盧溝橋事件当時の彼の日記をみると、「日本が挑戦してきた以上、いまや応戦を決意すべき時であろう」（七月八日の日記）と記し、最初から徹底抗戦するつもりだったようである[35]。七月十九日の演説においても、「もし『最後の関頭』に到ったならば、全民族の生命をなげうってでも、国家の生存を求めるだけである。そのような時に中途半端な妥協は許されないし、中途の妥協は全体の投降と滅亡の条件になると知るべきである」と並々ならぬ意思が感じられる[36]。

この強気の裏にあるのは、諸外国の蔣に対する支援である。特にドイツのファルケンハウゼンの指導の下、蔣は事前に着々と準備していた。また、国内の情勢も変化した。前年には西安事件により共産党との停戦、連携も成立しており、強い抗日気運が醸成されていたのである。
日本軍にとっては意図せざる戦闘であっても、中国内で戦闘が起これば、中国側から見たら侵略行為と映る。絶好の抗日戦争の大義名分が得られることになる。近衛首相の側近だった矢部貞治の回想録中の記述が、当時の状況を的確に分析している。(37)

当時上海を本拠として中国現地の空気に触れていた連合通信の松本重治が、後（近衛二十日祭）に語つた所によると、その頃日支間には外交上の交渉など全く不可能で、互に相手を信用せず、又日本側は比較的のんきだつたけれども、中国側は、何かきつかけを捉えて全面的な対日反撃に出ようという空気が漲つており、（中略）ドイツの軍事顧問のファルケンハウゼンの尻押しや、ソ連の援助も、中国の強硬態度の支柱となつていたと述べている。

実は、陸軍が二度目の内地動員派兵を取り止めた七月二十二日に、冀察政務委員会委員長（第二十九軍軍長）宋哲元の下に南京から熊斌が派遣され、「抗日で妥協するな」という趣旨の蔣の言葉が伝えられていた。(38) 支那駐屯軍司令官香月清司の回想録によると、香月は宋哲元を天津に足止めしていたが、宋哲元が「協定を部下に守らせるために北平に行きたい」と言ってきたため了解を与えた。しかし、後日、香月は、熊斌が蔣介石の命を受けて北平に来ていることが判っていれば、宋哲元を行かせなかったと悔やんでいる[39]。

この直後に、例の廊坊・広安門事件が発生する。そして、七月二十九日、蔣は南京で記者会見を行い、「今日の北平、天津の役は、その侵略戦争の開始にすぎないのであって、戦争の終結ではないのである。国民はただ一致決心し、ともに困難に立ち向かうだけである」と徹底抗戦の意思を表明している[40]。

蔣の「八・一三事変一周年記念、戦地の民衆に告げる書」（一九三八年八月）によれば、「私（蔣介石）は、かつてこういったことがある。『敵人（日本）が中国を滅ぼすには、蚕食（少しずつ食い荒らす）か、鯨呑（ひと口に飲みくだす）か、二つの方法しかない。われわれは鯨呑よりもむしろ、蚕食を怖れるべきである』と。現在、敵人はまさに鯨呑の方法をとった。敵人は中国を一気に飲みくだそうとした。しかし、飲みくだすことができずに、かえって自分のノドにつまらせてしまった」とある[41]。蔣がこの発言をしたのは戦端を開いてから一年後のことで、日本の一撃論が誤りであると明確に指摘されている。

第二章

# 第二次上海事変と海軍の豹変

八月に入ると戦線はすぐに、中支に飛び火し、局地戦から敵国首都である南京の攻略戦へと戦線が拡大し泥沼化していく。北支事変と区別して「第二次上海事変」と呼称される。日中戦争は、よく「宣戦布告なき戦争」といわれるが、この第二次上海事変から日中両軍は全面戦争に突入した。日中戦の火蓋が切られたのは盧溝橋ではなく、この上海という方が妥当かもしれない。ここでは、いかにして八月十五日の「支那軍膺懲、南京政府の反省を促す」の声明につながったかの過程を述べていく。

北支事変では、陸軍参謀本部の石原第一部長が、盧溝橋以来一貫して紛争を北支に限定し、中支に波及することを回避するように動いたため、七月末時点で一応の解決をみた。これに対し海軍は、北支に発生した事件は必ず自分のなわばりの中支に波及するものとして着々と準備を行っていた。

## 第一節　船津工作と大山事件

陸軍は、内地からの動員によって増強された支那駐屯軍により、北支における国民政府勢力を一掃し、その後、速やかに時局収拾へと動いた。

参謀本部石原莞爾第一部長は、北平・天津を平定したこの時こそが和平解決を図る最良の時機と考え、八月一日、福留軍令部第一課長に対して、「和平交渉については、当方よりもさらに杉山陸相に話してみるが、陸相はなかなか決心がつきかねる様子なので、米内海相より和平の話を出してもらいたい」と依頼した。(1)

これを受けた米内海相は、二日、閣議の席上で陸相に対して、「時局を速やかに平定するには、すなわち今大捷の時期が最良であろう。裏面工作によって日本の要求が過大でないことを知らしめたならば、支那も和平に応ずることであろう」と述べ、陸相も「裏面工作ならばよいであろう」と同意した。(2)この裏面工作の内容を考えたのは、実質的には当時の外務省東亜局長石射である。(3)

八月一日午後、陸軍から柴山課長、海軍から保科軍務一課長を会同して、停戦交渉と全面的国交調整案について私の腹案を説明した。その腹案は、折柄滞京中の在華紡績同業界理事長船津辰一郎氏に停戦案と全面的国交調整案を授け、上海に急行してもらい、船津自身の仄聞した日本政府の意向として、右両案を密かに高宗武亜州司長に試み、その受諾の可能性を見極めたうえで、外交交渉の糸口を開くことにあった。

この案は三省事務当局間で一致し、さらに八月六日、陸・海・外三大臣及び三次官の間に、それぞれ会談が行われ、全般的方針（日支国交全般的調整案要綱）について合意が成立した。この調整案は、満州国を除いて、日本が華北で獲得した権益の大部分を放棄しようという寛大な条件であった。交渉者である船津氏の名を冠して「船津案」と呼ばれている（表2〈74頁〉参照）。この案に基づいて和平交渉いわゆる「船津工作」が行われることとなる。石射は、八月四日の日記で、「これが順序よくはこべば、中日の融和、東洋の平和は具現するのだ。日本も中国も本心に立ち帰り得るのだ。尊い仕事だ」とこの調整にかける強い意気込みを述べている(4)。

しかし、結論から言えば、この船津工作は「大山事件」が原因であっけなく頓挫する。大山事件とは、八月九日、上海で大山勇夫海軍中尉が保安隊によって惨殺されるという事件のことである。石射も「仮に船津、高会談がプログラム通り行われたとしても、それは結実しなかったであろう。船津、高会見のその日の夕方突発した大山事件を導火線として、上海の局面が、滅茶滅茶に錯乱したからである」と述べている。[5]

## 第二節　海軍の豹変

北支事変からこの第二次上海事変までの海軍のスタンスはどのようなものであったか、海軍の中心人物、海相の米内光政の言動を抜き出して見ていく。

米内は、北支事変段階、すなわち七月九日の臨時閣議[6]、七月十一日の閣議[7]、七月二十日の閣議[8]では北支への派兵反対を唱えている。また、八月二日の閣議、すなわち船津工作の時も実行を渋る陸相に決断を迫った。これも先述の通りである。

そして、大山事件後の八月十一日も、軍令部の陸軍出兵促進の方針に対し、「外交交渉には絶対的信頼を措かず然共目下進行中にして而も先方より言ひだせしものなり成否は予想出来ざるも之を促進せしむることは大切なり」、「今打つべき手あるに拘らず直に攻撃するは大義名分が立たず今暫く模様を見度し」と外交交渉優先の方針を譲らなかった。[9] 米内は、ここまでは一貫して慎重姿勢である。

しかし、八月十二日夕方には、上海大使館付武官及び総領事から陸兵派遣の再度の要請があり、さらに第三艦隊司令長官よりも陸兵出兵が緊急を要すると伝えてきた。嶋田軍令部次長も「ひっ迫せる状況に鑑み最早最後の手段をとらざるべからざる」と申し入れた。ここに至ってついに米内も同意し、即夜臨時閣議を要請した。

八月十三日に閣議が開催された。この時米内海相から「陸戦隊（居留民保護のための日本海軍部隊）が八字橋付近で中国軍と衝突して戦闘を惹起している」との上海方面の情勢報告がなされ、海軍は陸軍部隊動員派兵の準備を要請した。ここにおいて米内の不拡大の方針が転換されたのである。

この時の米内の様子は、相澤淳《あいざわきよし》の『海軍の選択』という著作に詳しい。特に八月十四日の閣議における米内の発言や態度である(10)。

しかしながら、こうした米内の事態限定の姿勢は、翌十四日深夜の閣議で一変し、米内は事態の不拡大主義の消滅を主張し、南京占領の提案、さらには「海軍としては必要なだけやる考えである」との強硬姿勢に転じたのである。この強硬論には、天皇も翌十五日拝謁した米内に対して「感情に走らぬように」との注意の言葉を発したほどであった。

米内はこの時非常に感情的であったらしい。南京占領まで口にしているのは不可解である。そして、さらに「財政上の説明をする賀屋蔵相を怒鳴りつけ、その話をほとんど聞かないまでに興奮する」場面があったという。[11]賀屋本人の証言も残されている。[12]

それから、これは内輪の悪口になるが、海軍っていうものはね、非常にセクショナリズムなんだな。陸軍と違って、庶政には口を出さんからいいようだけれども、こと、海軍に関すると、とてもやかましいんだね。つまり、支那事変が拡大しないようにということには、海軍は非常に熱心であった。ところが、ひとたび上海に火がついたら、カッカと燃えてきたんだよ。（中略）もう南の有望筋に火がついたら逆なんだね。

なぜ、米内は最後まで外交交渉でいかなかったのか。「上海居留民の命がどうなってもよいのか」と米内は言うかもしれない。しかし、今まで派兵反対、和平交渉促進の中心人物が、急に手のひらを返すように賛成にまわることの意味は大きい。しかもここ一番の時にである。

結局、この米内の発言や態度が起点となり不拡大方針を見直すことになる。[13]閣議において動員派兵の主張を認め、上海方面には陸軍第三、第十一師団の二個師団を派遣することとなった。そして、八月十五日午後一時十分、日本政府は宣戦布告にも代わるべき声明を発表した。

此の如く支那側が帝国を軽侮し不法暴虐至らざるなく、全支に亙る我が居留民の生命財産危殆に陥るに及んでは、帝国として最早穏忍その限度に達し、支那軍の暴戻を膺懲し、以て南京政府の反省を促すため今や断乎たる措置をとるのやむなきに至れり。

相澤は、米内の変心を第三艦隊旗艦出雲爆撃による衝動的なものと捉えている[14]。米内は交渉による事態の解決を優先していたため、作戦準備を遅らせる結果になっていたのは事実で、そのような状況下で、日本の在中国艦隊のシンボルである出雲が空爆を受けたのは大きな衝撃であったのかもしれない。

しかし、実際には、海軍は中支での有事に着々と備えていた。米内は七月十一日に有事のための派兵協定を陸軍と締結し[15]、さらに七月二十日と八月七日、二回にわたって、居留民保護のため上海及び青島に陸兵派遣を考慮して欲しいと陸軍側に訴えている[16][17]。いずれも前章で述べた「三度の内地からの派兵決定」直後のタイミングで、海軍が陸軍に派兵をアプローチしている。いずれも事変が中支に飛び火するのを想定している。片方で不拡大を主張しながら、もう一方では中支に波及することを想定して着々と準備を進めている。石原は中支に派兵するのを極力抑えていたのに、米内ら海軍は当初から中支を視野に入れていたかのようである。相澤が言うような感情的にとか一時の衝動でとかいうようなものではなかったのではないだろうか。

そして、引き続いて日本海軍は不要な渡洋爆撃を行う。八月十三日命令、八月十四日実施、台湾から出撃し、杭州や広徳を爆撃した。さらに八月十五日からは、南京、南昌、揚州、蘇州、上海などを爆撃した。近衛側近の矢部によると、「十五日には早くも政府に何の連絡もなく、南京、南昌に対し海軍の空爆が開始されたのである」と首相側も知らぬ間の爆撃だったようである(18)。

これらの行為は戦争を煽るだけのものでしかない。海軍は第二次上海事変当時、自重をせず爆撃を重ねたのである。しかも、戦闘開始と同時である。それに対し、陸軍は盧溝橋のあと自重して事態収拾に動いた。日中戦争は、陸軍が先に手を出したように見えるが実はそうではない。居留民保護のため陸軍の出兵を促し、熾烈な戦いへと突入させ、空爆で煽ったのは海軍である。以下は石原の見解である(19)。

一般の空気は北支丈けで解決し得るだろうとの判断の様でしたが、然し私は上海に飛び火する事は必ず不可避であると思い平常からさう言つて居つたのでありました。

抑々上海に飛火をする可能性は海軍が揚子江に艦隊を持つて居る為であります。何となれば此の艦隊は昔支那が弱い時のもので現今の如く軍事的に発展した時には居留民の保護は到底出来ず一旦緩急あれば揚子江に浮かんでは居れないのであります。然るに軍令部は事変がある前に之を引揚げることが出来なかつた為事変後軍艦を下航せしむる際漢口の居留民を引揚げしむることとなりました。（中略）即ち今次の上海出兵は海軍が陸軍を引摺つて行つたものと云つても差支へないと思ふのでありまして、そこに機微なるものがあると私は思ふのであります。

石原も「今次の上海出兵は海軍が陸軍を引摺つて行つたものと云つても差支へない」としている。また、参謀本部第二課員の堀場も、「海軍が中支那を自らの担任なりとする意識旺盛にして、陸軍の容喙を排しつつ事態を悪化し、急遽来援を求むること第一次上海事変と異らず」と回想している。[20]陸軍が「日中戦争の要因は海軍である」と主張しているが、そのように言わしめるだけの事情があったのである。北支では武藤が石原の前に立ちはだかったが、中支では米内が石原の前に立ちはだかったことになる。

それにしても悔むべきは、北支、中支いずれにおいても居留民がネックになっていることである。石原は、居留民の現地保護をやるから陸兵派兵の必要が出てくるので、居留民の現地保護をやめるべきだという考えだった。そして、その懸念通り、上海においても居留民保護が戦争の口火になってしまうのである。

この上海が日中全面戦争への入口である。あっという間に事が推移していったことが分かる。そして、九月二日の閣議で、「北支事変」が「支那事変」と改称された。

## 第三節　国民政府側から見た第二次上海事変と石原更迭

日本側が右往左往している中、蔣介石は、着々と待ち構えていた。[21] 八月十四日には、日本軍は優勢な中国軍の包囲攻撃を受け、また第三艦隊旗艦出雲及び陸戦隊本部は中国空軍により爆撃を受けたのは先述の通りである。蔣は、十四日の日本軍への爆撃が成功すると、「倭寇（日本軍）の空軍の技術が拙劣なこと、これならば彼らの心胆を寒からしめることができる」（八月十五日の日記）と記し、やる気十分な様子が窺える。[22]
上海戦の戦闘が開始されたのは十三日ということになっている。日本海軍側の史料によれば、「然るに午後四時五十四分に至り八字橋方面の敵は突然西八字橋陽済路橋及柳営路橋を爆破すると共に砲撃し来りたるを以て我亦之に応ずると共に」とある。[23] ここで、実際にどちらから先に手を出したかということは、日中双方で見解が分かれている。しかし、戦闘準備万端の中国軍に日本海軍が接触し、戦端が開かれ、日本陸軍が引きずられていったという構図だけははっきりと窺うことができる。

そして、八月二十三日、上海派遣軍の第十一師団先遣部隊は川沙鎮方面に、第三師団の先遣部隊は呉淞方面に強硬上陸を敢行した。しかし、いずれも周到に準備されていた中国軍の堅固な陣地に阻まれ、非常な苦戦に陥った。

九月一日、これを受けて、海軍の近藤軍令部第一部長は、石原に対して再び上海増派を督促した。しかし、石原は「対ソ戦準備および兵団の編制装備上、上海方面の作戦に適する兵力はない」「戦術的には増援したいと思うが、戦争指導全般の考えから、戦局の拡大を極力避けねばならない」として、増兵については極力反対した。[24] このように上海増派のスタンスはあくまでも海軍のものである。

しかし、石原のスタンスも準備万端な中国軍を前にしては中途半端な対応となってしまう。石原の身内である河辺第二課長や堀場もついには増派を主張している。そしてさらには、「参謀本部の作戦が悪いから、あんなことになったのだ。信頼ができない。石原は駄目だ」という非難が出てくるようになった。[25]

九月六日午前、軍令部総長宮は、「上海の陸上戦闘は遅々として進まず、陸軍兵力の増強が必要である」旨奏上する。対して、参謀総長宮は「上海に第九、第十三、第一〇一師団及び台湾守備隊を増派」と上奏する。石原は大勢如何ともし難く、ついに増派に同意する。当時参謀本部員であった今岡は、当時の空気を「事変の拡大とともに参謀本部では、武藤大佐を中心とする作戦課の意見が強くなり、戦争指導課の意見すなわち石原イズムは、超現実的理想主義として非難されるに至り、石原部長の存在は、次第に影響力が薄くなりかけていた」と述べている(26)。

そのような中、ついに石原が辞任を申し出る。辞任の申し出に対して、石原の数少ない理解者だった多田参謀次長は、非常に惜しんで慰留に努めたが、石原の辞意は固かった。石原が更迭されたのは九月二十七日のことである。第四部長の下村が石原の後任となる。

秦郁彦の研究によれば、実は、石原更迭に向け裏で動いていたのは武藤章と述べている(27)。そして、その武藤は、この時期に参謀本部の機構改正を持ち出した。その狙いは、石原の提唱で出来た戦争指導課を縮小して班にしようというものである。そして、この後十一月の参謀本部の機構改正によって、戦争指導課は班に格下げとなり、元第三課の作戦班と合体して新たに第二課を形成した。課長は河辺虎四郎が就任することになる。

石原という重しがとれて増派につながり、南京まで行くきっかけとなった。石原更迭も日中戦争泥沼化の重要なターニングポイントの一つである。

# 第三章　トラウトマン和平交渉を阻んだ南京攻略及び条件加重

日中戦争が行われている間、日本政府と国民政府の間には何度か和平交渉がもたれている。日中戦争初期には、駐支独大使オスカー・トラウトマンを仲介として和平交渉がもたれた。いわゆる「トラウトマン和平交渉」である。この交渉の本格的な動きは十一月に入ってからであるが、その前段として、まず、第一次トラウトマン工作ともいうべき和平交渉が始まっていた。

これを画策したのも、石原莞爾第一部長である。石原は、戦局が拡大しつつあり、なんとか早期解決の案を練っているうちに思いついたのが、第二部第四班長馬奈木敬信中佐が、南京の新任ドイツ大使トラウトマンとは駐独日本大使館付武官補佐官時代の友人で昵懇の間柄であるということであった。馬奈木はトラウトマンへの和平交渉仲介を快諾する。十月十八日、馬奈木中佐は上海のキャセイホテルでトラウトマン大使と会う。結果として、トラウトマンは、直接蔣介石または有力閣僚に日本軍部の意向を伝えることを承知してくれた。

しかし、この時点ではすでに石原は転出、また馬奈木はベルリンに派遣されることになり、この交渉は推進役がいなくなる格好で一時立ち消えになってしまう。馬奈木中佐は当時を回想し、「何しろ当時は省部の間では主戦論者が多く、大多数を占めていたので、和平工作なんていうものは、非常に勇気のいることであった」と述べている。(1)

## 第一節　トラウトマン和平交渉の開始

一九三七年十月二十二日外務省決定「日支事変ニ対スル第三国ノ斡旋乃至干渉ニ対シ帝国政府ノ採ルヘキ方針決定ノ件」という文書が残されている。(2)これは、第三国による国民政府との和平斡旋を受けるという日本政府の方針を示したものであるが、この背景にあるのは国際連盟の圧力である。

この決定に先立つ一九三七年十月六日、国際連盟総会は、日本の軍事行動が「中国に関する九国条約」(中国の領土保全や門戸開放などを確認した条約、一九二二年二月六日調印)に違反すると断定し、同条約の関係国が紛争の平和的解決をめざして国際会議を開催すべきとの決議を採択する。これによりベルギーのブリュッセルで九国条約関係国会議が開催されることになり、日本にも招請状が届くことになる。

外務省はこれを受けて、十月二十一日、日本を被告の地位に置くような干渉・調停は排斥するが、軍事行動の目的がほぼ達成された時期には、第三国の公正な和平斡旋を受理する方針を決定し、翌二十二日には陸海軍両省との間で三省決定とした。これが冒頭の文書の経緯である。一方、連盟決議に拘束される諸国と協議しても公正な結果は期待できないとして、十月二十七日、参加招請自体は拒絶している。

ここでいう第三国仲介に資する和平条件は、外務省の石射によれば、「八月初め船津工作のさい、船津氏に授けられた停戦案、国交調整案と同様であり、十月一日総理・陸・海・外の四大臣の間に決定した『事変対処要綱』において、再確認されたものであった」とされている(3)(4)(表2参照)。北支の行政権を国民政府側に残すことを初めとした非常に緩やかなものであり、後に国民政府側をして「これが条件であれば、我々はそも何のために戦争をしているのか」といわしめたほどのものである。この点が非常に重要である。

この一連の動きは外務省が主体となっているが、陸軍側、特に参謀本部ではどうだったのか。河辺第二課長の回想録によると、河辺自身この動きを全く知らず、十二月五日になって知ったとある(5)。

実際の和平交渉斡旋の動きについては、まずイギリスから仲介の申し出があった。当時、イギリスは華中に多くの権益をもっていた事実があり、それが仲介の申し出につながったようである。しかし、石射によれば、「当時、イギリスが中国の背後にあって、国民政府の補強工作をやっているとの説が言い触らされ、対イギリス国民大会さえ企てられる反イギリス情勢のもとにおいて、イギリスの仲介は国民感情の手前望ましくない」と陸軍側が反対し、自然消滅してしまったとある。(6)

むしろ、「陸軍の腹は、ドイツに花を持たせたかったのである」と石射は述べている。さらに、「陸軍の誰から話したか、ドイツ大使館付き武官オットー少将にわが方の事変解決条件を説明して、ドイツの仲介乗り出しを要望したことが後に判明した」と指摘している。(7)これは、先述の第一次トラウトマン交渉のことを指している。

当初ファルケンハウゼンは抗日を指導していた。しかし、八月の戦闘が日本軍の優勢に終わると、これ以上はドイツのためにならないと判断したと考えられる。また、ドイツもソ連が主要な仮想敵国で、日中の戦争が長期化すれば必ず中国をソ連の側に追いやり、ドイツにとって不利になると考えた。そして何よりも、ドイツもイギリス同様中国が良い市場となっており、日中の争いによって悪影響をこうむるのは迷惑な話であった。トラウトマンの登場はこうしたことが背景となっている。要は、ドイツは蔣を援助、日本への配慮という両張りの対応であるということが透けて見える。一本筋の通った対応ではないことは踏まえておく必要がある。(8)

十一月二日、広田外相は駐日独大使ディルクセンに、日本の和平条件を示して斡旋を依頼した。その内容には、満州国境から北京、天津を含む地域および上海に非武装地帯を設置することなどが挙げられていた。ディルクセンはこれなら中国の面子も失わずに受諾する可能性があると判断した。

十一月五日、トラウトマンから蒋へ和平条件が示される。しかし、蒋は「日本が事変前の状態に復帰する用意を有するのでなければ、国民政府としては、いかなる日本側の要求も受託できない」「加之中国は目下ブラッセルで列国と会議中であるから、中国としてはこれらのことを、公式に受取ることも困難である」と回答した。(9)

十一月下旬になると、ディルクセン大使は、再度、蒋へのアプローチを試みることとした。「ドイツが蒋に対し和平空気を再び打診することは、日本側でも歓迎しており、日本の主要な和平条件は以前と同じであり、又北支にはまだ新しい行政機構はできていないから、『北支の自治』を要求する意図はない、という様な日本の肚を感得した」のがその理由である。(10)結果、トラウトマン駐支独大使は、独政府の命により、武漢で十一月二十八日行政院副院長孔祥熙、二十九日外交部長王寵恵と会見した上、十二月二日南京で蒋介石と会った。

蒋はブリュッセル会議における列強の干渉を期待していたが、望み薄と知るとドイツを仲介とした日本の和平条件に興味を示し始める。また、この時は日本軍の進撃で南京は危機に瀕しているという事情もあった。そして、十二月初旬には、ついに蔣からトラウトマンを通じて、日本政府に対してアプローチ、すなわち国民政府側の北支の宗主権を守るという条件の確認がなされるのである。[11][12]

## 第二節　国民政府側から見たトラウトマン和平交渉

このトラウトマン和平交渉を国民政府側から見たものが残されている。それは、当時国民党副総裁であった汪兆銘が、一九三九年三月「挙一個例」という論文を発表しており、その中にトラウトマン工作の経緯を公表している。

本国政府の訓令を受けた駐支独大使トラウトマンが、十一月二十八日孔祥熙行政院副院長を、翌二十九日王寵恵外交部長をそれぞれ訪ね、ドイツに日中間の和平調停の用意がある旨を申し入れ、日本政府が提示する和平条件を伝達したとある。[13] この条件とは、北支行政権を中央政府に残し、賠償についても言及しないという外務省案のことである。

十二月二日、蔣との会見のためトラウトマンが南京に着くと、蔣は事前に在南京将領の首脳者と一応相談する必要があると述べ、顧祝同、白崇禧、唐生智、徐永昌等の将領を招

集し、徐外交部次長からトラウトマン大使との会談内容を報告させた。以下はその時の様子である。(14)

自分の報告の後、参集者から「右条件には付帯的条件ありや否や、また我が軍備に対する制限条項ありや否や」との質問があったので、自分は「ドイツ大使のいふところによれば右は現在提出されているだけの条件であってその他の付帯条件はなく、応諾しさへすれば停戦出来る」旨を答えた。蔣委員長はまづ唐生智の意見を求めたところ、唐は即答し得ず。次いで白崇禧の意見を徴したところ、白は「若しただこれだけの条件であれば、何のために戦争するのか」といった。自分はこれに対し「トラウトマン大使の提出するところはただこの数箇条の条件にすぎないのだ」と答へた。蔣委員長はそこで徐永昌の意見を尋ねたところ、徐は「もしこれだけの条件ならば応諾すべきである」と言ひ、また顧祝同に問へば、顧もまた「これに応ずべきである」と答へた。そこで又唐生智に問ふと、唐も亦各人の意見に賛成の旨を述べた。蔣委員長はつひに、(一)ドイツの調停は拒絶すべきにあらず、これ位ならば亡国的条件ではない、(二)北支の政権は保存することを要す、の二点を承知するに至った。

この後、蔣はトラウトマン大使を招いて会見した。トラウトマンは「今次の会談の結果は有望である」と語り、東京とベルリンへ打電した。[15]

蔣は、日本の和平提案について、「倭寇（日本）がドイツ大使に調停を提起したのは、われわれが屈服しないため、日本に打つ手がなくなったからだろうか」（十二月六日の日記）と記している。[16] しかし、現実にはこの時南京は陥落寸前だった。蔣は日本軍の進撃に相当弱気になっていたと考えるほうが妥当である。そして、それがトラウトマンの和平斡旋にのるということにつながるのである。

大切なことは、この時日中の間には意思疎通がなされ、「この条件ならば和平に応じるという動きがあった」という事実である。ところが、この一縷の望みのトラウトマン和平交渉も「南京攻略」とそれに引き続く「条件加重」という二つの厚い壁の前にまたも翻弄されてしまうのであった。

## 第三節　停止命令無視

トラウトマン交渉に抗うかのように、南京に向けての進撃が同時進行で着々と進んでいく。十一月初旬から十二月初旬にかけてのことで、全く同じ時期である。

その前に上海戦の状況に少々遡る。九月上旬、三個師団を増派、二個師団が、五個師団に膨れ上がる。増派の部隊は、第九師団、第十三師団、第百一師団である。上海付近での戦闘は激烈を極め、十月十八日にはこの五個師団の死傷者は二万二千人余りに上っていた。当時、石原という重しは、すでに取り外されていた。十一月九日、中国軍は一斉に南京へと退却し始める。そして、日本軍は追撃を開始する。

しかし、この時参謀本部は、和平交渉を行うための相手政府を失う恐れから南京進撃を中止するよう命令していた。それを妨害したのが、松井石根司令官等の現地軍と下村定第一部長等内地の拡大派である。当時、戦争指導班員であった堀場一雄は、「南京追撃を主唱したるは戦争指導当局の外、現地に在りては松井方面軍司令官、第十軍、中央に在りては下村作戦部長等あり」と述べている(17)。

まず現地軍の松井石根司令官である。

松井は当初から南京攻略の意図をもっていた。八月十八日、松井司令官と参謀本部首脳とで懇談を行った際、松井大将は「北支に主力を用いるよりも南京に主力を用うるを必要とす。終末をどこにすべきやの議論あるも、大体南京を目標として断乎遂行すべきである」という積極論を述べた。これに対して石原第一部長は、「参謀本部には、これに対する十分なる資料がないので不可能と考えている。個人としては、永引けば全体の形勢が危うと考えている」と述べ、南京攻略に反対の意見を述べた。次いで多田駿次長（八月十四日に着任）も、「南京攻略の着想は誰しも同様であるが、具体的に研究すれば困難が益々加わるであろう」と述べた。[18]

次に中央、石原の後任、参謀本部の下村定第一部長である。

当時、多田参謀次長をはじめ陸軍上層部は、参謀本部名で現地に電報を発し現地軍の暴走に歯止めをかけようとしていた。松井等が主張する南京への追撃は制令線を定めた命令の逸脱行為であり断念するように求めていた。ところが、参謀本部の中には、南京追撃に動こうとする現地軍と密かに呼応した者達がいた。その中心となったのが、下村定第一部長である。下村のとった具体的行動は次のようなものであった。[19]

さうかうして居る中に方面軍からは南京に行かなければならないと云ふ電報を再三寄こしまして既に夫々其の準備に着手して居りますし、第十軍もさうでありますのに、中央では未だ蘇州、嘉興の線で議論して居ると云ふ状況でございますので、私は何んとか前進命令に印を捺して貰はねばどうもならんと考へて居る際に前に申した二十四日の御前会議がありました。それで之はどうしても早晩やらなければならぬことだから何とか引つ懸けをつけてやらうと云ふので前に申し上げたやうに上奏原稿以外のことを御前で申し上げました次第であります。

この十一月二十四日の御前会議の時に、下村は昭和天皇に対し軍の上層部が決めた今後の作戦方針を説明し、制令線を越えた進軍の予定はないとする計画を伝えることになっていた。しかし、実際には「統帥部と致しましては今後の状況いかんにより該方面軍をして新たなる準備態勢を整え、南京其の他を攻撃せしむることも考慮して居ります」と天皇に独断で報告してしまう(20)。あたかも軍上層部が南京攻撃を想定しているかのような報告である。しかし、下村はこの発言に対し、叱責はされたものの何ら処分されることはなかった。

さらに、上司の承認を得ず勝手に、「未タ上司ノ御決裁ハナイケレトモ兎ニ角部内トシテモ是非南京ヲヤルコトニシテ居ルカラ其ノツモリテ従来ノ行キ懸リヲ捨テテヤツテ呉レ」と電報を打って現地を督励している(21)。不拡大派の要である石原の後任が下村であることの意味。この違いは大きい。石原であったら南京攻略までいかなかった可能性が高い。

そして、ついに一週間後の十二月一日、陸軍中央部は南京攻略を正式に命令した。南京作戦は、確たる事前計画もなく、現地軍の強請に押されて引きずり込まれた。現地軍の独走、そして軍中央部による追認、満州事変と同じ構図が繰り返されたのである。

上海戦の実情と予期せぬ南京戦への展開は、日本軍にいくつもの大問題を発生させることになった。一、思わぬ苦戦と莫大な損害が、日本の将兵の心に中国兵に対する激しい敵愾心を植え付ける。二、これが一般の民衆へも向いてしまう。三、補給が追い付かず、徴発や略奪を行う。四、大量の捕虜が発生。そのような中、発生したのが「南京事件」である。南京戦がなければ南京事件もなかったはずである。

南京戦によって、進行中のトラウトマン交渉にも大きな影響が生じた。第二次上海事変が船津工作を妨害したように、南京陥落がトラウトマン工作を妨害したのである。堀場によると、「然れども大局上之を城外に止め得ずとするは統帥の無気力なり。之に依り直接交渉の機会も、又トラウトマン交渉の間合いも共に逸し去れり」とある。[22]

参謀本部作戦課戦争指導班では、十一月中旬、「按兵不動の策」を主張していた。この按兵不動の策とは、「破竹の勢いで南京進撃中の日本軍を南京城外で一旦停止させ、中国の面子を保持し、蔣の南京撤退を防いで、その間、勅使を奉じ双方の真意を交換して、和平の道を開こう」という策である。[23]結局、この案は同意を得られず、机上の空論として終わってしまった。当時の参謀本部員であった今岡豊は、「ここに偉大なる政治家が政略的大決意をもって、この案を採用していたら、あるいは事変の方向を変えていたかもしれないと思うのである」と回想している。[24]

停止命令を無視し、南京を攻略する。結果として、日本は当初の緩い和平条件では物足りなくなっていく。次に述べるが、結局、和平条件を加重する憂き目となり、これがうまくいきかけていたトラウトマンの和平交渉を叩き潰すことになるのである。さらに南京事件まで発生し、ますます蔣及び中国国民の敵愾心に火をつける結果になってしまうのであった。

## 第四節　和平条件加重

追いつめられた蔣が和平交渉に乗る気配を見せ始めたのは先述の通りである。皮肉にも日本軍の進撃が蔣にプレッシャーを与え、功を奏す形になる。しかし、結果としては実現しなかった。では、一体何が十二月二日の蔣の和平の気運を潰したのか。この後、戦勝の余韻にひたった者達が、原案の寛大な和平条件に不満となり、次々に加重していくことになる。これこそが和平交渉決裂の直接の要因であった。以下にその経緯を述べていく。

南京陥落が目前となった時のことである。十二月十日の閣議では、和平条件の検討を重ねたが、その時の模様について堀場は次のように述べている(25)。

閣議の模様に曰く、広田外務大臣先ず発言し、犠牲を多く出したる今日斯くの如き軽易なる条件を以ては之を容認し難きを述べ、杉山陸軍大臣同趣旨を強調し、近衛総理大臣全然同意を表し、大体敗者としての言辞無礼なりとの結論に達し、其他皆賛同せりと。

これは広田外相の大失敗である。堀場が「面も先の条件も広田外相より発出せるものに非ずや」と指摘しているように、第三国斡旋の交渉にのることと和平交渉の軽易な条件は広田の功績だが、これでは全て台なしである。交渉が進展しているのをもはや無視するかのような不可解な発言である。(26)

しかし、この閣議決定を、堀場等戦争指導班が、直接、梅津美治郎陸軍次官を説得し覆した。(27) 戦争指導班は、広田外相が十一月二日にディルクセン駐日独大使に提示した条件がほとんど無条件に近い寛大なものであったので、これならば多少条件の変更があっても何とか国民政府の面子を保ちながら、和平を結ぶことが出来ると信じていたのである。あとは、この和平条件を閣議にかけて合法化することであった。

しかし、十二月十三日、南京が陥落する。

矢部貞治の手記には、南京陥落の当日の五相会議の様子が詳細に記されている。矢部は近衛文麿のブレーントラスト「昭和研究会」にも参加し、当時の空気に直に触れた人物で

ある。この日は、閣議で和平条件案を決定する予定であったが、その前に五相会議が開催されていた。(28)

いよいよこれを閣議にかけようという前に、首、陸、海、外、内の五相会議が開かれた。三時間ほど協議した上、大体これで行こうということになりかけたが、幹事として出席していた風見書記官長は、一体かかる条件で和平交渉が成立し得る見込みがあるのかと発言した。すると米内海相は「見込みはゼロだ」と言つた。(中略)そこで風見が外相の見込みを聞くと、まあ四十パーセント位だというし、陸相の意見を質すと六十パーセント位の公算というので、風見が、そんなに見込みがまちまちでは、閣議にかけるのは困ると言うと、内相になりたての末次が、これ以下の条件では国民が納得せず、内相として治安の責任がとれないと言つた。近衛は終始黙つて聞いていたが、この時身体を起こして末次を一瞥し、珍らしく厳しい口調で「成り立たぬ条件では、国民が納得したところで無意味だ」と、ズバリ言つた。近衛は、条件は中外から見て公正なものでなければならぬ。国民が納まらぬとか軍人が不平を言うとかいつて、不可能なことや無理なことを要求するのは、国家の威信にかかわると言つたのである。結局末次も首相の意見に従うと言い、それで又やり直しになつた。折角纏りかけたのに風見が駄目にしてしまったといって、陸海軍務局長らは風見を恨んだが、風見がその晩近衛に「悪かったでしょうか」と言ったら、近衛は「なあに、構いません」と言った。海相も、矢張り近衛には良い所があると言っていた。近衛らは、何とかこの機会に和平を成立させたいと切念していた。

この場面は、せっかくまとまりかけていた和平条件、しかも国民政府側も受諾できそうなものが決定寸前で留保され、加重への流れへと突き進んでしまった瞬間である。この時、原案に対し、初めに異議を唱えたのは風見である。一体かかる条件で和平交渉が成立し得るかと。それにのって「実現可能性がゼロだ」とたたみかけたのが米内である。そしていわゆる見込論争へと展開し、最終的に近衛のダメ出しで、この場での原案どおりの決定が留保されてしまう。決定の延期である。現実には国民政府はこの条件でならば受け入れる雰囲気を醸成していたのだから、「実現可能性がゼロだ」とは全くの見当違いだったということになる。本来ならばこの条件で交渉すべきだったのである。

近衛は、和平を成立させたいので実現不可能な条件を押しつけるのは不可としたのかもしれないが、本当にこの先中国側が百パーセントのめるような条件に軽減できると思っていたのだろうか。南京が陥落したばかりである。この日の閣議で決めると自分達の責任になる。翌日の大本営政府連絡会議で批判にさらされ耐えられない、すなわち「戦争に勝ったのにこんなに平易な条件では周囲をおさえきれない」との判断で日和見的な遷延策をとったのではないだろうか。

実質的にここで和平は潰え去った。そして、閣議決定に至らなかった条件案が次の大本営政府連絡会議へと運ばれて行く。そこで大きなバッシングに遭うのである。大本営政府連絡会議とは、日本軍の最高統帥機関である大本営と政府の間で連携を図るための会議体である。この年、一九三七年十一月より開始されている。

石射の記述によると、和平条件を検討する大本営政府連絡会議が、この五相会議後の十二月十四日から開かれた。石射がこの場で外務省案の説明を行った。これは、堀場等が抗議して復活させた当初の緩やかな和平条件案に沿ったものである(29)。

会議では案の定、末次内相、杉山陸相、賀屋蔵相等が次々と新たな条件を持ち出した。特に末次内相の論が強硬であった。意外なのは多田参謀次長も条件加重を主張していることである。また、近衛首相、広田外相は一言も発せずということであった。要するに最初から加重ありきということである。最も不可解なのは米内海相で、原案を支持している。前日の五相会議で発言した「見込みはゼロ」は一体何だったのか。意味不明である。

石射は著書の中で、「もう我慢ならなくなった。説明以外に発言権のない立場を忘れて立ち上り『かくのごとく条件が加重されるのでは、中国側は到底和平に応じないであろう』と争った。この発言は冷たく無視された。誰も応ずるものがないのである」と会議の流れを嘆じている。[30]そして、加重された和平条件が原案となった。

十二月十八日に再度閣議が開催された。十二月十四日参加メンバー以外の大反対でさらに加重される。勝者のおごりとは恐ろしいもので、もはや先の展開が全く見えなくなっている。それらの意見をもとに、紆余曲折を経て十二月二十一日の閣議で決定した条件は、十一ヶ条からなり、当初案から大幅に加重されるというものであった（表2参照）。結局、この和平条件加重が蔣の疑念を生み、トラウトマン工作を壊してしまう。

十二月二十二日広田外相は、ディルクセン駐日独大使に対し、十二月三十一日の回答期限付きで、新和平条件を伝達した。ディルクセン大使は提示された新条件がこの交渉を困難にすることを予想したが、直ちに本国へ報告した。日本の新和平条件がトラウトマン駐支独大使から中国側に伝えられたのは、十二月二十六日であった。なお、回答期限は一九三八年一月五日、さらに十日と引き延ばされた。

南京陥落は、蔣を弱気にさせる効果があった一方で、日本を付けあがらせ欲望の歯止めが取り外されてしまった。南京が陥落した後に日本側が大幅に譲歩した和平条件の話をもちだして議論をしても加重されるだけである。当時、世論もそれを許さない雰囲気があった。政府も戦勝ムードを抑えることができないと分かっていた節がある。しかし、後述するが最終的には弱気と思われた蔣も日本の言いなりにはならず、譲れない一線を越えて歩み寄ることはしなかった。

石原のいう上海の全居留民引き揚げ策が上策だが、一歩譲って、一撃後の和平は中策で次に来るべきもの。しかし、想定外の南京陥落がこれを阻む。そしてうまくいきかけた和平条件が加重される。そして、泥沼化という下策をとっていくのである。

十二月二十一日の閣議で決定した新和平条件が、十二月二十六日にトラウトマンから孔祥熙行政院副院長に伝達されたが、実は、その中身は先の十一条件ではなく、それを要約した次の四項が伝達された。

㈠ 支那は容共抗日、反満政策を放棄し、日満両国の防共政策に協力すること

㈡ 所要地域に非武装地帯を設け、かつその地方にそれぞれ特殊の機構を設置すること

㈢ 日満支三国間に密接な経済協定を締結すること

㈣ 支那は日本に対して所要の賠償をすること

堀場によれば、この要約版の伝達は広田外相の「此等条件（十一ヶ条）を支那側に移すに就ては外交事務当局に一任せられ度し」という申し出に基づいているとある。しかし、「然るに年末頃に於て、傍受電は支那側が四条件の内容を具体的に承知し度き希望を述べ来り、外務側は既に詳細説明せりと応酬し、更に支那側は其の説明を筆記にて受領し度しと申入れある事を伝ふ」とあるようにこの要約版があらたなトラブルを発生させるのであった。[31]

すなわち、日本側は上記の十一ヶ条の条件を国民政府側に具体的に説明していない。外務省の一任で、上記の要約版の新四条件のみを提示している。しかも書き物としていない。次章で述べるが、ディルクセン駐日独大使や多田参謀次長が、再三この十一ヶ条を書き物にして交付したらどうかと主張していることからも分かる。[32][33]国民政府側の疑念が深まるのも当然である。しかも、この四条件のやりとりは非公式であった。この非公式ということが大問題であった。中国側からすれば、「日本は四条件という枠組みだけ押し付けて、細目を示さず、これを都合のいいように操作しようとしている」と見えたのである。これについては、トラウトマンが国民政府の王寵恵外交部長を訪問し、日本に対する回答が決定されたかどうか問い合わせた時のやりとりに如実に現れている。[34][35]

外務省はなぜこのような対応をとったのだろうか。堀場は次のように言う。[36]

十一月往復の四条件は、広田外相真先に軽易無礼なりと称したるに拘らず、新条件を取扱ふに方りては先の四条件にこだわり事務的糊塗を策しあるに似たり。外交事務一任の魂胆此処にありしか。先の四条件に乗るの機略もなく単的に新条件を示すの勇気もなし。其の辺の心情不可解なり。国家の危局に臨み国事と事務とを混同し内外を誤るの甚だしきものなり。

十一月往復の四条件とは、トラウトマン交渉開始直後の加重前の条件のことである。広田外相が明確に新条件を示さなかったのは、交渉が決裂するのを恐れたからだと分析している。しかし、結果としてそれが裏目に出てしまった。堀場は、広田外交はどっちつかずの中途半端であると批判しているのである。広田外相の致命的な失敗である。

蔣は日記に「倭寇（日本）が持ち出した条件（細目）はわが国を征服し滅亡させるものに等しい。日本に屈服して亡びるよりは、戦いに敗れて亡びる方を選ぼう。厳しい拒絶をもって回答としなくてはならない。」（一月二日の日記）と記している。[37] 加重された和平条件に蔣政権否認ととれる条項が存在した。これが決定打となった。

# 第四章　和平交渉断絶

## 第一節　一九三八年一月十五日、大本営政府連絡会議

この新四条件に対する国民政府側の回答が到着した。一月十四日午後の閣議中午後四時三十分、ディルクセン駐日独大使は広田外相に面会し、十三日漢口発、十四日東京着電の国民政府側回答を外相に手交した。その内容は、「日本ノ要求スル細目ヲ承知シ度」という質問電であった。

これに関し独大使は、「さきに貴大臣より承った日本側条件の大体は支那側に伝えたるものと思考するも、別に書き物を以てせざりし次第に付、此の際日本側の細目条件十一ヶ条を書面に認め支那側に手交することに於ては、この二十日二十一日頃までには支那側の確答を得られるべき」と問うた。これに対し外相は、「支那側の声明は、如何にも日本より和を乞ふが如き書き振りをなし居る処、もっとも講和の希望および条件等は進んで支那側より提示すべき筋合なるに、日本側の条件内容を大体承知しながら、尚日本側条件の細

目につき説明を求め、しかも何ら支那側の意見を示さるが如きは、支那側に和平の誠意なく、遷延を講しおるものと見る外なし」と答えた[1]。

国民政府側は交渉開始を望むがゆえに、回答ではないけれども、和平条件の具体的内容を知りたいと要請してきた。しかし、この広田外相の反応にも表れているように、日本政府はこれをもって誠意なきものとしてトラウトマン和平交渉断絶を決断してしまう。

その詳細は、一九三八年一月十五日、大本営政府連絡会議の経緯で窺うことができる。この会議は、昼食休憩をはさんで午前と午後にわたって開催されている。争点は「トラウトマンの和平交渉を打ち切るか否か」である。

会議中、多田参謀次長は、「兎に角之は非常に重大な問題である。和平解決の唯一の機会であるから此の決めた日時までに返事が来なくても一日か二日待つて居つても良いぢゃないか」と主張した[2]。

しかし、杉山陸軍大臣は、「期限までに返電が来ないのは国民政府に和平を図るの誠意がないのだから蔣介石など相手にして置つては不可ない。屈服するまで作戦を続けなければならぬ」と言い、また、広田外務大臣は、「自分は今まで外務大臣として将又外交官としての長い経験から斯う云ふやうな返事を寄したと云ふことは即ち向ふに全く之に応ずる誠意がない。即ち此方の要求に応じて和平解決を応諾すると云ふ腹がないと云ふことを示すものであると確信する。参謀次長は外務大臣を信用せぬのか」と言った。さらに、近衛総理大臣も非常に興奮して「兎に角早く和平交渉を打ち切り我が態度をはつきりさせなければならぬ」と言った(3)。

多田参謀次長が四面楚歌の中、和平交渉継続に向けて孤軍奮闘し、議論は平行線をたどったまま推移した。そして、問題の焦点が「近衛内閣の総辞職」に移っていく。以下は中島総務部長の回想である(4)。

其の時山本海軍大臣秘書官が私の所へ参りまして「参謀本部が承知しなければ近衛内閣は瓦潰して仕舞ふ。近衛総理大臣も辞職の決心を持つて居る何とか総務部長がやつて呉れぬか」と云ふ大臣の希望であると言ひますし、又間もなく軍務局長の町尻少将が来まして「近衛内閣が辞職するやうだがそれは内外に与へる影響が非常に重大であると思ふ。今日の問題に就て参謀次長が承諾して呉れぬとどうしても内閣は瓦潰して仕舞ふ何んとかならぬか」と云ふ話でございました。

それから次長の所へ私と本間第二部長と河辺大佐と三人集りまして……第一部長は休んで居りましたが……「一体どうするのだ。承知しなければ内閣は潰れると云ふことだが」と私が申しまして相談致しました。そこで今から考へて見ますると内閣を倒しても和平を図つた方がよかつたと思ひますが当時に於ては軍務局長の意見もあり「此の事変中に内閣を屡々替へると云ふことは不可ない。殊に支那の電報一本で内閣が瓦潰すると云ふことは之は国家として非常に不利だ。而して今日の所は参謀本部が譲歩すれば内閣が継続して行くのであるから譲歩したらよいぢやないか」と私が申しました所次長も同意され、次で会議に臨んで「参謀本部としては此の決議には同意しかねるが併し之が為に内閣が瓦潰すると云ふことになれば国家的にも非常に不利であるから黙過し敢て反対を唱えない」と斯う云ふ意見を述べましたので其のまま通過しまして例の「蔣介石を相手にせず」と云ふ声明をだすことになつたのであります。

多田次長は連絡会議より帰り、戦争指導班の高嶋、堀場両部員に本日の結末を説明した。二人は「事極めて重大にして斯くの如き場合こそ御前会議を奏請すべきものなりとし、参謀総長より上奏せらるべく処置す」「戦争指導当局は之に依り恐らく政府に対し再考の勅諚あるか、或は御前会議となるべしと予測せり」といわば最後の一手をうった。(5)

しかし、政府は午後八時に閣議を開き、参謀本部が譲歩した結果を受け、明日に内外に発表する声明案の審議を行い、その後すぐに近衛首相は宮中に参内した。総長宮の参内の前のことである。ここに和平交渉継続の努力は、水泡に帰して万事休すとなったのである。

多田次長が折れた主因は、「総辞職による内閣の瓦解を恐れたから」である。実は、会議中最初にそこに言及したのは米内海相である。この一月十五日の大本営政府連絡会議での米内海相の発言は、以下の著書にも明確に記されている。

堀場の著書では、「米内海相曰く『政府は外務大臣を信頼す。統帥部が外務大臣を信用せぬは同時に政府不信任なり。政府は辞職の外なし』と。次長曰く『明治大帝は朕に辞職なしと宣へり。国家重大の時期に政府の辞職云々は何ぞや』と声涙共に下る」と記されている。(6)

近衛首相側近の矢部の手記にも、「そこで米内海相は『参謀本部は政府を信用しないというのか。それなら参謀本部が辞めるか、内閣が辞めるかしなければならぬが……』とまで言つた」と明確に記されている。(7)

参謀本部第一部第二課長の河辺の回想録にも記されている。(8)

最後の時に米内海相が次長に対し「結局、参謀本部は支那側に誠意なしと断定せられぬのは外交当局たる外務大臣の判断と異るものであつて外務大臣の判断を基礎として国策を進めて行くべき政府と反対の意見であると云ふことになる。即ち参謀本部は外務大臣に対し不信任といふことと同時に政府を不信任といふことになる。さうすると統帥部と政府との意見が違ふといふことで戦争指導を統帥部と手を取つてやつて行けない。従つて政府は辞職しなければならないといふことになります」と言はれたのであります。次長は此の時「明治天皇は朕に辞職なしと仰せになつたと聞いて居るが、此の重大時期に政府の辞職云々とあなた等がお考になる気持が判らぬ」と声涙共に下つた場面があつたのであります。

当事者の多田参謀次長も「責任者たる外務大臣が見込なしと解釈するのを統帥部が反対するは政府不信任の表示なる為総辞職の外なしと言ひ出せり」と書き残している(9)。一九三七年八月十五日の「支那軍の暴戻を膺懲し」の宣言、そして、次に述べる一九三八年一月十六日の「国民政府を対手とせず」の宣言、いずれもとどめの一言を発したのは米内海相である。十二月十四日の連絡会議では石射の説明の当初条件案を支持したが、また も土壇場で豹変する。上海出兵の時と同じパターンである。最初は和平論を主張するが、ここ一番で立場を転換させている。

## 第二節　爾後国民政府ヲ対手トセズ

十五日の連絡会議の決定に基づき、翌十六日、かの有名な声明を発表する。

帝国政府は南京攻略後尚支那国民政府の反省に最後の機会を与うる為今日に及べり。然るに国民政府は帝国の真意を解せず、漫りに抗戦を策し、内人民塗炭の苦みを察せず、外東亜全局の和平を顧みる所なし。仍って帝国政府は爾後国民政府を対手とせず、帝国と真に提携するに足る新興支那政権の成立発展を期待し、之と両国国交を調整して、更正新支那の建設に協力せんとす。

この宣言に対する蔣の反応は、一月二十八日の日記では、「第二次世界大戦の時機は日増しに切迫している。われわれは大戦においてどのような犠牲を払うべきか。また、大戦の結果我が国の地位がどうなるか、前もって詳細に研究しておく必要がある」と記し、そして、二月五日、「外侮への抵抗と民族の復興」と題する演説において、世界大戦の中で日本の敗戦を明確に予言する。(10)蔣が長期抗戦を行おうとする基盤は、外国の支援である。日本は、蔣を支援する英米ソの軍需物資輸入の道いわゆる援蔣ルートを阻止する必要があったが、それは非常な困難を伴うものであった。

日本側でもこの声明が重くとらえられ、ここまでに至ってしまった経緯に対する様々な反応が残されている。

戦争指導班の高嶋中佐、堀場少佐等は、「もし、十五日午後、休憩のため帰庁した次長に中島総務部長が内閣の存続の意見具申をした席に列していたならば、必ずや内閣崩壊を賭しても目的貫徹を主張したであろう」と悔やんでいる。

また、譲歩案を次長に具申した中島総務部長も後日、「そこで今から考へて見まするると、内閣を倒しても和平を図った方がよかったと思ひますが」「一体近衛首相があの当時どう云ふ理由でどう云ふ考えで参謀本部の意見に非常な反対したかは不明瞭であります」と回想している。(11)

当の近衛首相も、後日この自らの声明が誤りであったことを認めている。(12)

いはゆる「蔣介石を相手とせず」となつたのである。これは帝国政府は国民政府を相手とせずして帝国と共に提携するに足る新興新政権の樹立発展を期待し、それを以て両国国交調整を行はんとの声明である。この声明は識者に指摘せられるまでもなく非常な失敗であつた。余自身深く失敗なりしことを認むるものである。従つてこの声

明の誤謬を是正せねばならぬといふ考への下に、再び重慶との撚りを戻すことに種々手を打ったのであるが成功せず、

さらに、作戦課長河辺虎四郎大佐も「その後に得られた諸情報から見ても、もしあの時、多田参謀次長の所信主張がいれられ、適宜の法を案じて日華間に折衝継続の途が開かれたら、日本側の真意が中国側に通じ得られて、休戦和平の方向に事が運ばれ得たと私は思う」と述べている。(13)

そして、当時参謀本部員であった今岡の次の言葉にすべてが凝縮される。(14)

政府の閣僚は、統帥部の絶対的要望ともいうべき事変打ち切りに対して、その真意を理解することが出来ず、大持久戦争が如何に国力を消耗し、国際情勢の悪化を来すかを見極めることなく、眼前の戦局に酔うて深く将来の洞察を欠き、閣議の空気も和平への努力において十分でなかったようである。

# 結び

本書は日本軍部を被害者とするものでも正当化するものでもない。また、日本、国民政府双方のどちらが悪いということを論じているのでもない。和平を潰し、戦争を起こそうとする過程全体を問題視している。戦争の原因は、戦争当事者双方にある。戦争を阻止できなかった原因を敵側に求めることは簡単である。しかしそれよりもまず、自らの側に原因がなかったのか検証すべきである。

当時の日本政府、陸軍、海軍の対応に問題はなかったのだろうか。経緯を見ていくと分かるように、北支では陸軍が戦争不拡大に動いていたのに対し、中支では海軍が全く戦争不拡大に動かなかった点が印象的である。また、これは日本側全体にいえることであるが、南京が陥落するや豹変して欲望をむき出しにし、大局が全く見えなくなってしまう。そして、不拡大方針や和平交渉が次々と脇へ追いやられていく。木を見て森を見ずという言葉がまさにそれである。肝心な国民も戦勝ムードに酔い知れ煽られている。

個別に見ていくと、北支事変の時、不拡大派の石原第一部長に悉く抵抗した武藤章。その後方から陰に陽に戦争拡大へと扇動し続けた陸軍の中堅層の強硬派。南京戦の時、戦争不拡大方針であるはずの参謀本部にいながら戦争拡大派の現地軍に呼応した下村定。継続中の和平交渉の条件が加重されるのをただ傍観していた近衛文麿と広田弘毅。そして、上海戦の口火を切り、トラウトマン交渉決裂にとどめをさした米内光政。皮肉にも下村は最後の陸軍大臣、米内は最後の海軍大臣である。

戦争を止めるべき「人」が全く機能していないこともさることながら、さらに、印象的なのは、次々と和平の動きの前に立ちはだかるべく発生する「事件」である。北支事変時、二度目の派兵取り止め決定直後の「廊坊」・「広安門」・「通州」の三事件、第二次上海事変時、船津工作最中の「大山事件」、そして、トラウトマン和平交渉の時は「南京事件」である。外務省東亜局長だった石射は、これらを「悪魔」と表現しているが、いずれもあまりにタイミング良く発生する(1)。

不拡大の流れが阻止されその結果どうなったか。日中戦争の泥沼にはまり、挙句の果てに太平洋戦争に突入して愚かな二正面作戦を展開し、日本は敗戦の憂き目にあった。結果、何百万という日本人が死んだのである。そして現在がある。

今に生きる我々にとって、この「日中戦争開戦」という重要な転換点を簡単に扱ってはならない。悲劇を繰り返さないためには、戦争に至る経緯をしっかり検証することこそが大切なのではないだろうか。日本の軍部が悪いという単純な図式ではなく、中国のせいだったという責任転嫁論でもなく、日中が戦争に至るにあたり事実は何であったのか、誰が最後に利益を得、誰が被害を被ったのかを冷静に見つめて議論しなければならない。戦争をする者同士はお互いが傷つくため実は得られるものが少ない。日本と国民政府の末路がどのようなものであったかを顧みれば分かることである。

今、東アジアは、尖閣諸島の問題、北朝鮮の問題、台湾の問題など様々な問題で揺れている。しかし、煽られず、双方の国民が冷静に対応すれば、深刻な争いにはならずに問題は解決できると信じたい。踊らされて損をするのは、戦争を行う国の「庶民」である。八十年前の戦争で庶民はどんな目にあったのかを思い出すべきだ。東アジアの国民はこれを深く認識することである。当時の日本国民と違い、現在に生きる我々は、あの悲惨な戦争を経てきている。この記憶を決してなくしてはならない。

## 表１　地域別師団配備数・兵力概数（1937～1945年）

上段：師団数　下段：兵力概数

<table>
<tr><th>年.月</th><th>本 土</th><th>朝 鮮</th><th>台湾等</th><th>満 州</th><th>中 国</th><th>南 方</th><th>合 計</th></tr>
<tr><td rowspan="2">1937.12</td><td>1(4%)</td><td>1(4%)</td><td>0</td><td>6(25%)</td><td>16(67%)</td><td>……</td><td>24</td></tr>
<tr><td colspan="3">25万(26%)</td><td>20万(21%)</td><td>50万(53%)</td><td>……</td><td>95万</td></tr>
<tr><td rowspan="2">1938.12</td><td>1(3%)</td><td>1(3%)</td><td>0</td><td>8(24%)</td><td>24(71%)</td><td>……</td><td>34</td></tr>
<tr><td colspan="3">25万(22%)</td><td>22万(19%)</td><td>68万(59%)</td><td>……</td><td>115万</td></tr>
<tr><td rowspan="2">1939.12</td><td>5(12%)</td><td>1(2%)</td><td>0</td><td>9(21%)</td><td>27(64%)</td><td>……</td><td>42</td></tr>
<tr><td colspan="3">26万(21%)</td><td>27万(22%)</td><td>71万(57%)</td><td>……</td><td>124万</td></tr>
<tr><td rowspan="2">1940.12</td><td>9(18%)</td><td>2(4%)</td><td>0</td><td>11(22%)</td><td>27(55%)</td><td>……</td><td>49</td></tr>
<tr><td colspan="3">27万人(20%)</td><td>40万(30%)</td><td>68万(50%)</td><td>……</td><td>135万</td></tr>
<tr><td rowspan="2">1941.12</td><td>4(8%)</td><td>2(4%)</td><td>0</td><td>13(26%)</td><td>22(43%)</td><td>10(20%)</td><td>51</td></tr>
<tr><td colspan="3">56.5万(27%)</td><td>70万(33%)</td><td>68万(32%)</td><td>15.5万(7%)</td><td>210万</td></tr>
<tr><td rowspan="2">1942.12</td><td>—</td><td>—</td><td>—</td><td>—</td><td>—</td><td>—</td><td>—</td></tr>
<tr><td colspan="3">50万(21%)</td><td>70万(29%)</td><td>68万(28%)</td><td>52万(22%)</td><td>240万</td></tr>
<tr><td rowspan="2">1943.12</td><td>6(9%)</td><td>2(3%)</td><td>0</td><td>15(21%)</td><td>24(34%)</td><td>23(33%)</td><td>70</td></tr>
<tr><td colspan="3">70万(24%)</td><td>60万(21%)</td><td>68万(23%)</td><td>92万(32%)</td><td>290万</td></tr>
<tr><td rowspan="2">1944.3</td><td>3(4%)</td><td>3(4%)</td><td>0</td><td>12(17%)</td><td>24(33%)</td><td>30(42%)</td><td>72</td></tr>
<tr><td colspan="3">—</td><td>—</td><td>—</td><td>—</td><td>—</td></tr>
<tr><td rowspan="2">1944.12</td><td>14(14%)</td><td>0(0%)</td><td>8(8%)</td><td>9(9%)</td><td>25(25%)</td><td>43(43%)</td><td>99</td></tr>
<tr><td colspan="3">131万(31%)</td><td>46万(11%)</td><td>80万(19%)</td><td>163万(39%)</td><td>420万</td></tr>
<tr><td rowspan="2">1945.8</td><td>58(34%)</td><td>7(4%)</td><td>9(5%)</td><td>25(15%)*</td><td>26(15%)</td><td>44(26%)</td><td>169</td></tr>
<tr><td colspan="3">294万(54%)</td><td>66万(12%)</td><td>106万(19%)</td><td>81万(15%)</td><td>547万</td></tr>
</table>

便宜的に本土には千島・樺太方面（第５方面軍）、台湾等には、沖縄・小笠原（小笠原兵団）を含む。満州は、関東軍の隷下にある部隊。中国は支那派遣軍の隷下にある部隊。また、南方には、南方軍の隷下部隊とマリアナ以南の太平洋地域（第31軍）、ラバウル地区（第８方面軍）を含む。＊編成中の１個師団を含む。

出典：防衛庁防衛研修所戦史室・戦史叢書35『大本営陸軍部(3)』（朝雲新聞社、1970年）、同・戦史叢書102『陸海軍年表』（朝雲新聞社、1980年）、『支那事変大東亜戦争間動員概史』（不二出版、復刻1988年）、厚生省『引揚げと援護三十年の歩み』（ぎょうせい、1978年）などをもとに作成・補正した。

備考：『軍備拡張の近代史　日本軍の膨張と崩壊』（山田朗　吉川弘文館）より引用。

## 表2　和平条件の推移

| 項目 | 船津案（昭和十二年八月七日） | 支那事変対処要綱（十月一日四相決定） | 独大使への回答（十二月二十一日閣議決定） |
|---|---|---|---|
| 塘沽協定 | 解消 | 解消 | 解消 |
| 梅津・何応欽協定 | 解消 | 解消 | 解消 |
| 土肥原・秦徳純協定 | 解消 | 解消 | 解消 |
| 上海停戦協定 | 解消 | 解消 | 解消 |
| 冀察冀東政権 | 解消 | 解消 | 解消 |
| 冀東特殊貿易 | 廃止 | 廃止 | 廃止 |
| 非武装地帯の範囲 | 華北の一部 | 永定河・張家口以北及び上海 | 華北・華中・内蒙 |
| 日本軍の駐兵 | 事変前に復帰 | | 華北・華中・内蒙の保障駐兵 |
| 華北の政治形態 | 国府の任意行政 | 国府の任意行政 | 新政権の樹立 |
| 内蒙の政治形態 | | 現状を認める | 防共自治政府の設立 |
| 防共問題 | 日中防共協定の締結 | 日中防共協定の締結 | 防共政策の実施 |
| 経済合作 | 華北経済開発協定の締結 | （日中合弁・大シンジケート） | 日・満・中経済協定 |
| 満州国承認問題 | 承認または黙認 | 正式承認 | 同上 |
| 賠償 | | （邦人被害の賠償） | 戦費賠償 |
| その他 | 経済援助・治外法権の撤廃を考慮 | | |

備考：（　）内の項目は、将来要求するかもしれない留保条件として記載されたもの。『太平洋戦争への道　開戦外交史　日中戦争（下）』（朝日新聞社）より引用、抜粋。

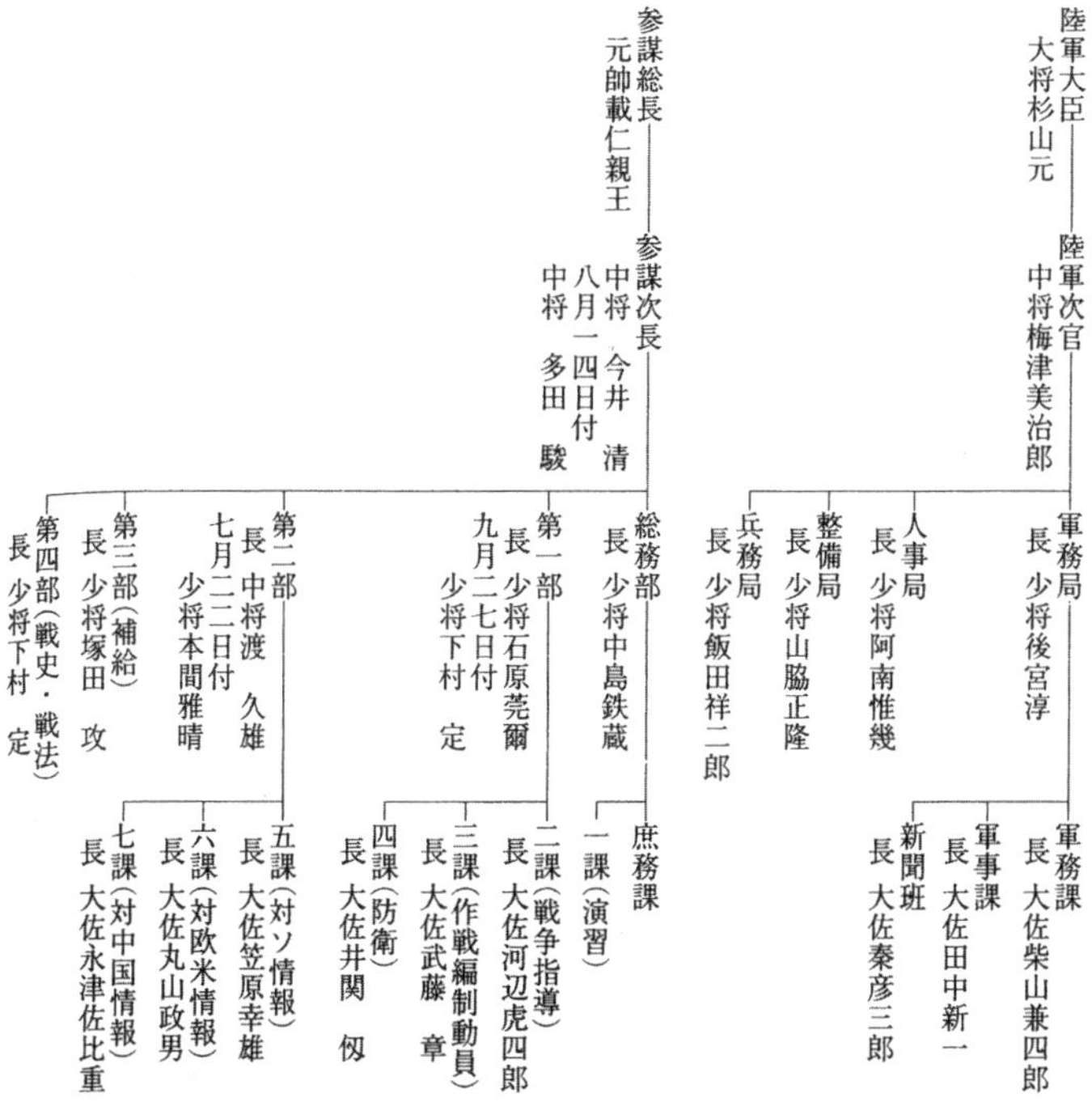


**図1　陸軍中央部首脳一覧（1937年7月7日現在）**

備考：『日中戦争史』（秦郁彦　河出書房新社）より引用。

# 注

## はじめに

（1）『軍備拡張の近代史　日本軍の膨張と崩壊』山田朗（吉川弘文館　一九九七）二百二十頁

## 第一章

（1）『石原莞爾の悲劇』今岡豊（芙蓉書房出版　一九九九）二頁
（2）同右　二百九頁
（3）『現代史資料(9)　日中戦争㈡　石原莞爾中将回想応答録』（みすず書房　一九六四）三百五～三百六頁
（4）『河辺虎四郎回想録　市ヶ谷台から市ヶ谷台へ』河辺虎四郎（毎日新聞社　一九七九）七十九頁
（5）前掲『石原莞爾の悲劇』二百十頁
（6）『現代史資料(12)　日中戦争㈣　河邊虎四郎少将回想応答録』（みすず書房　一九六五）四百十四頁
（7）前掲『石原莞爾の悲劇』二百二十三頁
（8）同右　二百三十六頁
（9）『支那事変戦争指導史』堀場一雄（原書房　一九七三）八十六頁
（10）『外交官の一生』石射猪太郎（中公文庫　一九八六）二百九十七頁
（11）『太平洋戦争への道　開戦外交史　日中戦争（下）　第一編　日中戦争の軍事的展開（一九三七年～一九四一年）秦郁彦』日本国際政治学会太平洋戦争原因研究部編（朝日新聞社　一九六三）十頁

(12)『元陸軍次官柴山兼四郎中将自叙伝』柴山兼四郎著、赤城毅彦・潮田良一郎編（赤城佐知子発行 二〇一〇）百十四頁
(13)同右　百十四頁
(14)同右　百十四～百十五頁
(15)同右　百十五頁
(16)前掲『石原莞爾の悲劇』二百九十七頁
(17)『近衛文麿手記　平和への努力』近衛文麿（日本電報通信社　一九四六）十一頁
(18)前掲『石原莞爾の悲劇』二百七十四頁
(19)『現代史資料(9)　日中戦争(二)　橋本群中将回想応答録』（みすず書房　一九六四）三百二十九頁
(20)『日本外交文書　日中戦争第一冊』（外務省　二〇一一）十九頁
(21)同右　二十一頁
(22)前掲『太平洋戦争への道　開戦外交史　日中戦争（下）第一編　日中戦争の軍事的展開（一九三七年～一九四一年）秦郁彦』十四頁
(23)前掲『石原莞爾の悲劇』二百八十九頁
(24)同右　二百七十八頁
(25)前掲『現代史資料(9)　日中戦争(二)　石原莞爾中将回想応答録』三百八頁
(26)前掲『石原莞爾の悲劇』二百九十一頁
(27)前掲『支那事変戦争指導史』九十五頁
(28)前掲『現代史資料(12)　日中戦争(四)　河邊虎四郎少将回想応答録』四百十九頁
(29)前掲『外交官の一生』三百二頁
(30)前掲『現代史資料(9)　日中戦争(二)　橋本群中将回想応答録』三百三十四頁
(31)前掲『石原莞爾の悲劇』二百九十四頁

(32) 同右　二百九十六頁
(33) 前掲『元陸軍次官柴山兼四郎中将自叙伝』百十六頁
(34) 前掲『石原莞爾の悲劇』三百二十八頁
(35)『蔣介石秘録12　日中全面戦争』（サンケイ新聞社　一九七六）二十一頁
(36) 同右　二十九頁
(37)『近衛文麿　上』矢部貞治（弘文堂　一九五二）三百九十八頁
(38) 前掲『蔣介石秘録12　日中全面戦争』三十六頁
(39)『現代史資料(12)　日中戦争(四)　香月清司中将回想応答録』（みすず書房　一九六五）五百三十九頁
(40) 前掲『蔣介石秘録12　日中全面戦争』四十四頁
(41) 同右　五十一頁

## 第二章

(1) 前掲『石原莞爾の悲劇』三百六十四頁
(2) 同右　三百六十五頁
(3) 前掲『外交官の一生』三百五頁
(4) 同右　三百七頁
(5) 同右　三百十頁
(6)『海軍大将米内光政覚書』高木惣吉写稿、実松譲編（光人社　一九七八）十三頁
(7) 同右　十四～十五頁
(8) 前掲『石原莞爾の悲劇』二百九十一頁

（9）『現代史資料⑿　日中戦争㈣　中支出兵の決定（大東亜戦争海軍戦史本紀巻一）』（みすず書房　一九六五）三百八十五～三百八十七頁
（10）『海軍の選択　再考　真珠湾への道』相澤淳（中央公論新社　二〇〇二）百五頁
（11）同右　八十五頁
（12）『国会図書館憲政資料　賀屋興宣政治談話記録音（速記録）第二回』（一九七五年十一月十八日）五十九頁
（13）前掲『海軍の選択　再考　真珠湾への道』八十六頁
（14）同右　百七頁
（15）前掲『石原莞爾の悲劇』二百四十一～二百四十四頁
（16）同右　二百九十一頁
（17）同右　三百七十三～三百七十四頁
（18）前掲『近衛文麿　上』四百二十四頁
（19）前掲『現代史資料⑼　日中戦争㈡　石原莞爾中将回想応答録』三百七頁
（20）前掲『支那事変戦争指導史』百七頁
（21）前掲『蔣介石秘録12　日中全面戦争』五十頁
（22）同右　五十三頁
（23）前掲『現代史資料⑿　日中戦争㈣　中支出兵の決定（大東亜戦争海軍戦史本紀巻一）』三百九十三頁
（24）前掲『石原莞爾の悲劇』四百二十一～四百二十二頁
（25）同右　四百二十二頁
（26）同右　四百四十八頁
（27）前掲『太平洋戦争への道　開戦外交史　日中戦争（下）第一編　日中戦争の軍事的展開（一九三七

年〜一九四一年）秦郁彦』三百六十五頁

## 第三章

（1）前掲『石原莞爾の悲劇』四百四十四頁
（2）前掲『日本外交文書　日中戦争第一冊』百九十一頁
（3）前掲『外交官の一生』三百二十一〜三百二十二頁
（4）前掲『日本外交文書　日中戦争第一冊』百八十二頁
（5）前掲『現代史資料⑿　日中戦争㈣　河邊虎四郎少将回想応答録』四百四十五頁
（6）前掲『外交官の一生』三百二十二頁
（7）同右　三百二十二頁
（8）前掲『近衛文麿　上』四百五十五〜四百五十六頁
（9）同右　四百五十八頁
（10）同右　四百五十八頁
（11）前掲『石原莞爾の悲劇』四百六十八頁
（12）前掲『近衛文麿　上』四百五十九頁
（13）『汪兆銘言論集』汪兆銘、中山樵夫訳編（三省堂　一九三九）五十六頁
（14）同右　五十八頁
（15）同右　六十頁
（16）前掲『蔣介石秘録12　日中全面戦争』九十八頁
（17）前掲『支那事変戦争指導史』百九頁

(18) 前掲『石原莞爾の悲劇』三百八十九〜三百九十頁
(19) 『現代史資料(9) 日中戦争(二) 下村定大将回想応答録』(みすず書房 一九六四) 三百九十二頁
(20) 同右 三百八十四頁
(21) 同右 三百九十二頁
(22) 前掲『支那事変戦争指導史』百十頁
(23) 同右 百十頁
(24) 前掲『石原莞爾の悲劇』四百六十四頁
(25) 前掲『支那事変戦争指導史』百十七頁
(26) 同右 百十八頁
(27) 同右 百十七〜百十九頁
(28) 前掲『近衛文麿 上』四百六十〜四百六十一頁
(29) 前掲『外交官の一生』三百二十六頁
(30) 同右 三百二十七頁
(31) 前掲『支那事変戦争指導史』百二十一頁
(32) 前掲『日本外交文書 日中戦争第一冊』二百四十二頁
(33) 前掲『石原莞爾の悲劇』四百九十二頁
(34) 前掲『蔣介石秘録12 日中全面戦争』百五頁
(35) 同右 百六頁
(36) 前掲『支那事変戦争指導史』百二十一頁
(37) 前掲『蔣介石秘録12 日中全面戦争』百三頁

## 第四章

（1）前掲『日本外交文書　日中戦争第一冊』二百四十二頁
（2）『支那事変中島鉄蔵中将回想録　一九四〇年参謀本部作成』中島鉄蔵（防衛研究所戦史研究センター蔵　請求記号・中央－戦争指導重要国策文書六六五）三十一頁
（3）同右　三十二〜三十三頁
（4）同右　三十四〜三十六頁
（5）前掲『支那事変戦争指導史』百三十一頁
（6）同右　百三十頁
（7）前掲『近衛文麿　上』四百六十八頁
（8）前掲『現代史資料⑿　日中戦争㈣　河邊虎四郎少将回想応答録』四百四十六頁
（9）『多田駿手記　昭和二十一年一月五日作成』多田駿（防衛研究所戦史研究センター蔵）
（10）前掲『蔣介石秘録12　日中全面戦争』百十一頁
（11）前掲『支那事変中島鉄蔵中将回想録』三十五〜三十六頁
（12）『失はれし政治　近衛文麿公の手記』近衛文麿（朝日新聞社　一九四六）十七頁
（13）前掲『河辺虎四郎回想録　市ヶ谷台から市ヶ谷台へ』八十九頁
（14）前掲『石原莞爾の悲劇』五百三頁

## 結び

（1）前掲『外交官の一生』三百四頁

山口　裕一（やまぐち　ゆういち）

東京都在住
佛教大学大学院文学研究科日本史学専攻
修士課程修了

# 日中戦争開戦の経緯

2023年4月28日　初版第1刷発行

著　者　山口裕一
発行者　中田典昭
発行所　東京図書出版
発行発売　株式会社 リフレ出版
〒112-0001　東京都文京区白山 5-4-1-2F
電話（03）6772-7906　FAX 0120-41-8080
印　刷　株式会社 ブレイン


ISBN978-4-86641-630-4 C0095
Printed in Japan 2023